I CHING

ORÁCULO CHINÊS

IAN HEGARTY

I CHING
ORÁCULO CHINÊS

© Publicado em 2018 pela Editora Isis.

Revisão de textos: Rosemarie Giudilli

Diagramação e capa: Décio Lopes

DADOS DE CATALOGAÇÃO DA PUBLICAÇÃO

Hegarty, Ian

I Ching – Oráculo Chinês / Ian Hegarty | 1ª edição | São Paulo, SP | Editora Isis, 2018.

ISBN: 978-85-8189-060-9

1. Oráculo 2. Cultura Oriental I. Título.

EDITORA ISIS LTDA
www.editoraisis.com.br
contato@editoraisis.com.br

Sumário

Como utilizar este I Ching

O uso deste I Ching é extremamente simples. Mais fácil impossível. Estenda diante de si um baralho formando um semicírculo, com as imagens para baixo. A seguir, faça a pergunta que desejar, mentalmente ou em voz alta, e depois escolha uma carta. Aconselha-se, ante qualquer consulta de oráculo, a interiorização, o recolhimento mental. Qualquer dispersão ou distração podem mascarar o resultado. Uma vez selecionada a carta, busque no livro a interpretação do hexagrama correspondente e das linhas que o formam, cuja leitura se realiza sempre de baixo para cima.

O que é o I Ching?

O I Ching (ou Yi King) é considerado o livro da sabedoria mais antigo do mundo. Suas origens, na China pré-dinástica, são obscuras, não obstante, sabe-se que seus conceitos básicos foram utilizados durante muitos séculos antes de serem postos em forma escrita. À diferença dos livros religiosos antigos, não há no I Ching nenhum Deus que outorgue retribuição ao que fez mal ou confira a salvação ao fiel. Em vez disso, nele encontramos a essência destilada da experiência da vida mesma; o resultado de detalhadas e esmeradas observações do homem e da natureza, realizadas no transcurso dos séculos.

É interessante constatar sua vigência na vida moderna, pois o tipo de problemas sobre os quais nos orienta o I Ching parecem ser recorrentes no ser humano e em qualquer forma de organização social. Os conflitos que ocorrem nas relações entre indivíduos, entre indivíduos e a comunidade e entre as distintas comunidades são independentes do tempo e do espaço.

A personalidade do homem tem mudado muito pouco desde a primeira aparição do I Ching. Embora o indivíduo urbano tenha se afastado dos ciclos da Natureza, o sol continua a nascer e a se pôr todos os dias; a água continua a fluir até o mar; o inverno, a primavera, o verão e o outono, igualmente, seguem-se inexoravelmente um ao outro.

Apesar do acelerado progresso da ciência moderna, a grande maioria das pessoas, entretanto, sofre problemas de fácil solução. Nas circunstâncias mais triviais podemos ver a relação causal entre nossos atos e as consequências a que conduzem. Qualquer pensamento ou ato que realizemos tem influência sobre o mundo exterior e vice-versa. E como negá-lo? As ondas de qualquer ação que ocorram no Universo chegam até cada um de nós. Entretanto, de que forma tal ação nos alcança, ainda não temos resposta. Os cientistas podem responder com exatidão o tempo que tardarão a metade dos átomos de um grão de material radioativo para "decair" e perder sua energia extra. Mas não podem predizer qual dos átomos decairá realmente. Todo átomo é único, do mesmo modo, toda pessoa é única e todo segundo de tempo é único.

O I Ching baseia-se no conceito da sincronicidade. A situação que nos move a pedir a guia do I Ching intervém para que a mão eleja a carta que está em sintonia com nosso problems. Se fizéssemos a mesma pergunta prontamente, ou se a fizéssemos mais tarde, poderíamos obter uma carta distinta e uma solução diferente. Uma série infinita da mesma pergunta nos daria uma série infinita de cartas com seus correspondentes hexagramas, mas não seria produtivo. O que nos importa é saber qual é o melhor conselho para aquele momento específico.

No I Ching uma mesma pergunta deve ser feita apenas uma vez por dia. E a vigência vale para dias, semanas ou até meses. Seguir fazendo a mesma pergunta implica falta de respeito pelo conselho fornecido pelo I Ching. Um sábio se sentiria incomodado se suas opiniões fossem continuamente rechaçadas, inadequadas ao problema apresentado. Perante o melhor conselho não há necessidade de buscar outros pontos de vista, mas agir de acordo. Sucintamente, nossas ações, sejam conscientes ou inconscientes, estão interconectadas com tudo e todos e afetam o futuro de modo inimaginável.

Em qualquer situação existem multidões de possíveis rotas de ação. A rota que o I Ching sugere é a que seguiria o sábio. É também o itinerário de ação que se acha em sintonia com as leis da Natureza, com a inevitável moralidade do Universo.

No texto original e no simbolismo das ilustrações da presente versão, a ênfase está colocada sobre as mudanças das estações. Não tem sentido semear no inverno uma semente do verão, pois não suportaria o frio e, portanto, não poderia crescer e florescer. Há um tempo para tudo na vida. O livre-arbítrio permite-nos depositar na terra nossas "sementes" na época do ano que considerarmos conveniente, todavia, se nos afastamos demasiado das leis naturais nossa escolha estará condenada ao fracasso.

Como atuar ante o conselho do I Ching dependerá, em última estância, de nós. Em certos momentos se requer ação, em outros pede-se a prudência, a conservação de recursos ou o planejamento de ações alternativas.

Qualquer problema apresentado ao I Ching deve ser abordado de modo que permita uma resposta clara. Não se deve optar por perguntas duplas, com risco de sermos incapazes de decidir qual das perguntas está sendo respondida. A pergunta deve ser objetiva, para que a resposta seja igualmente objetiva. Como atuar perante o conselho recebido é algo que, em definitivo, cabe a nós decidirmos. Se a resposta parece obscura, haverá obviamente necessidade de comentá-la com outros. Pode ser com um profissional especializado em interpretar o I Ching, com um familiar ou com um amigo próximo. Se não houver ninguém disponível, estude a resposta durante vinte e quatro horas. Se, por ventura, continuar sem entender, proceda à nova consulta, dessa vez com a pergunta formulada de modo conciso.

Mas, e se não puder formular uma pergunta particular, ou meramente deseje conhecer a situação geral e as possiblidades futuras? Nesse caso, aborde o I Ching como o faria com um amigo sábio. Concentre-se no fato de tomar a carta, mais do que na pergunta específica. A resposta será, então, aplicável à situação geral e deverá ser interpretada de acordo com ela.

A maioria dos estudantes sérios do I Ching costuma trazer um diário onde são registradas suas perguntas, as situações, as respostas e as suas interpretações. Também nele podem ser anotados os acontecimentos conforme se desenrolem posteriormente. Somente assim descobrirá o verdadeiro significado do I Ching.

O I Ching é um livro de cunho tanto espiritual quanto material, que ensina o desenvolvimento da força interior de caráter, assim também sua expressão externa na vida.

O presente I Ching está construído sobre uma base dualista. A abreviadíssima versão do texto que nesse livro se dá, é essencialmente prática. Virtualmente, todo simbolismo do texto original foi eliminado, mas foram retidos os conceitos centrais de forma mais próxima possível a do original.

As ilustrações das cartas expressam os aspectos mais espirituais e místicos. Antes de ler o texto correspondente à carta ou ao seu hexagrama, deite um olhar sobre a ilustração e observe o que pode extrair das imagens. Após a leitura do texto contemple a ilustração novamente, pois imagens e palavras completam-se entre si.

Parte da sabedoria do I Ching deriva-se da observação filosófica e científica das leis naturais e dos fenômenos do Universo. O propósito das ilustrações é alentar a contemplação de si mesmo, de nossa posição na família, entre os amigos, na sociedade e também de nosso lugar no mundo. Somente a partir de tais considerações pode ser explorado o significado da vida.

Este é um esboço muito simples do I Ching. Para mais conhecimento e profundidade no assunto, busque o texto completo, colha considerações a respeito e aplicações que foram desenvolvidas ao longo dos séculos.

O caminho não é simples, pois no mundo do I Ching não poderemos escapar dos nossos problemas. Devemos atuar sempre de acordo com nossa responsabilidade. Somente, então, poderemos nos adaptar à Vida e a tudo o que traz consigo. Não existe atalho, fármaco, ritual ou mesmo um método de «cinco minutos por dia» que possibilite encontrar o verdadeiro caminho.

A Vida é uma experiência total, e a realidade surge de dentro.

A história do I Ching

Como em todos os livros de origem extremamente antiga, o modo exato em que o I Ching foi inicialmente concebido nos é desconhecido. De fato, há poucos livros hoje, se é que existe algum, a que se possa atribuir uma data tão antiga como ao I Ching. Para nós, o Antigo Testamento deve de ser o equivalente mais próximo, ainda que exista grande diferença entre ambos, pois o I Ching não é um livro religioso em que tenhamos de aceitar a existência e a crença numa forma particular de Ser Supremo.

O I Ching é compatível com qualquer religião e com nenhuma. É compatível também com qualquer tipo de organização política, pois nos dá orientações particularizadas. É verdade que há e sempre houve alguns sistemas em que seus conselhos foram desconsiderados.

Quando se estuda o I Ching não há lugar para a hipocrisia. O prisioneiro, o escravo, o mendigo, aquele que se encontra nos mais baixos níveis da escala social pode ser uma pessoa superior, o homem forte, imoral e o débil de caráter egoísta são inevitavelmente seres inferiores.

Nosso conhecimento da cultura chinesa antiga é muito escasso. Certamente, trata-se de uma das mais antigas civilizações, cujo esplendor, somente recentemente começou a ser desvendado pelos arqueólogos. A diferença entre os atrativos símbolos das dinastias do antigo Egito e os da China, como a sabedoria mesma do I CHing, devem ser buscados mediante de forma detalhada.

A grafologia direta das linhas (os traços e os ocos entre elas) constitui o tipo mais simples de comunicação humana não verbal. Possivelmente, deve ter surgido com anterioridade a qualquer outra forma de armazenamento e intercâmbio de informação.

De acordo com a tradição legendária FuHsi foi o primeiro a criar as trigramas e combiná-los formando hexagramas, há cerca de cinco mil anos. Também é visto como o criador da primeira civilização chinesa. Entre muitos outros, considera-se particularmente o Imperador Amarelo (Huang Ti) como promotor do I Ching, há quatro mil e quatrocentos anos, aproximadamente.

Um traço que conduziu à sobrevivência do I Ching é o fato de que, sendo inteiramente neutro em sua postura frente à autoridade (ainda que certamente muito claro acerca das ações corretas e equivocadas), não foi submetido a uma repetida «reinterpretação» oficial, como desgraçadamente ocorreu com outros clássicos chineses.

Os símbolos básicos registraram-se inicialmente pelos meios manuais, como ossos e conchas.

A carapaça da tartaruga tinha particular significado na antiga China e particularmente era igualmente utilizada para a avaliação. Interpretava-se o padrão das gretas que se formam ao aquecê-las, algo assim como se faz hoje com as folhas do chá ou as borras de café.

Os caracteres chineses que representam os hexagramas também são atribuídos a Fu Hsi. Pelas evidências arqueológicas disponíveis, parece que surgiram pela primeira vez no noroeste do país. Podem, naturalmente, datar da própria escritura chinesa, há cerca de quatro mil anos.

Há indícios de que os primeiros «livros» foram feitos com tiras de bambus sobre as quais queimavam-se os caracteres a modo de impressão para lograr uma anotação permanente. Em seguida, essas tiras eram atadas e enroladas. As linhas eram dispostas verticalmente, de cima a baixo. A origem da escritura em outras civilizações guarda sempre uma significativa relação com as propriedades dos materiais utilizados.

As primeiras escritas do I Ching consistiam em textos muito abreviados, associados com os hexagramas, os quais serviram de ponto de partida para a interpretação.

A forma atual do núcleo central do I Ching é atribuída ao rei Wen e ao duque de Chu. É interessante salientar que Wen realizou seu trabalho sobre o I Ching na época em que esteve prisioneiro do último imperador da dinastia Shang (Yin), há três mil anos. Seu filho Wu, conhecido agora como o duque de Chou, derrocou os Shang e começou a dinastia Chou. Morto seu pai, elevou a título póstumo à dignidade de rei e continuou seu trabalho sobre o I Ching, acrescentando outras explicações. Assim, as palavras e as imagens das traduções literais do I Ching eram apropriadas para a situação da China há três mil anos, mas, embora resultem inevitavelmente críticas na época presente.

Há aproximadamente dois mil e seiscentos anos, Confúcio acrescentou importantes comentários ao I Ching, que chegaram até nossos dias. Quase ao mesmo tempo, Lao Tze escreveu seu Tao Te Ching, percorrendo o I Ching para sua inspiração.

Durante quase trezentos anos depois de Confúcio, viveu-se uma considerável agitação na China (o período dos Estados Guerreiros) e se escreveram muitas reinterpretações e comentários sobre o I Ching. Em parte, por causa desse caos e para pôr fim a esse amálgama de ideias.

No ano de 213 a. C. o imperador chinês ordenou queimar todos os livros que não eram conforme os seus ideais.

Permitiu-se a existência do I Ching básico, mas entre as partes destruídas encontravam-se os comentários de Confúcio. Afortunadamente, como tantas outras grandiosas tentativas de mudar o mundo, esta também fracassou, pois, certas pessoas lograram conservar seus livros.

O I Ching comentado sobreviveu até a dinastia Han (206 a.C.) e junto com outras obras de Confúcio converteu-se no fundamento da educação das elites ao longo dos séculos seguintes. Seus livros foram o material de estudo para o sistema educativo daqueles tempos. Desde então, o estudo do I Ching continua até hoje, ainda que com esforço e qualidades variáveis. Por vezes, suas orientações eram rechaçadas por aqueles que ostentavam autoridade. Em contrapartida, em outros momentos governantes deram-lhe todo o seu apoio.

Não há dúvida de que o I Ching não teria sobrevivido se não possuísse grande valor. Estamos tão necessitados de sua orientação, com base nas verdades universais e evidentes (quer dizer, nas Leis da Natureza), como o estavam os chineses de há cinco mil anos. A natureza humana não mudou desde então. É verdade que em algumas questões tornou-se mais complexa, mas nossa compreensão intuitiva do correto não se alterou.

Este livro e estas cartas tentam cristalizar a essência do I Ching para que, você, leitor, possa aceder a ela de forma simples, uma vez que pelo domínio que temos na atualidade de certos aspectos do mundo que nos rodeia, é mais fácil seguir por caminhos equivocados da vida não, adequados às leis da Natureza, que, inevitavelmente, levam às adversidades.

O I Ching, finalmente, não está relacionado com torpes restrições ao livre-arbítrio ou com nosso próprio curso até a consecução suprema. A maioria dos seres humanos ainda não encontrou a porta do seu interior que se abre para o universo.

Oxalá que o guia do I Ching lhes indique o caminho até ela.

A filosofia do I Ching

São milhões de palavras escritas até o momento acerca dos aspectos filosóficos do I Ching. Seu título significa "Livro dos Caminhos".

O aspecto da mudança é fundamental no I Ching, junto com o conceito de estados opostos, mas complementares. Por todas as partes que olhemos, tanto no mundo espiritual quanto no material, encontramos esse conceito dos opostos: bem e mal, Deus e diabo, homem e mulher, positivo e negativo. Todo conceito tem significado em termos do seu oposto complementar.

Nas imagens iniciais do I Ching é mostrada a representação simplista de ambos os estados como linhas inteiras ou partidas. Posteriormente, essa retratação foi expressa mais claramente pelo simbolismo do yin e yang (surgindo cada um do outro), que se incorporou ao I Ching ou talvez tenha nascido dele.

Na filosofia do I Ching nada é estático, tudo está em movimento. Do mesmo modo na vida – nada pode permanecer sempre igual. Talvez seja esta a verdadeira mensagem, que nos ensina a ser humildes ante as leis da natureza. Se o topo foi alcançado, o que segue só pode ir para baixo. O tempo não deixa nada atrás.

A origem do simbolismo do I Ching deve ter sido obviamente o próprio mundo natural. Ao mesmo tempo, o observador não pode evitar ser parte da natureza, cujas leis dirigem a humanidade. Que princípio pode haver mais razoável do que aquele que afirma que estudando os ciclos da natureza podemos estudar nossa própria existência? Mas o fatalismo cego não faz parte do I Ching. O homem, caso único entre os organismos vivos da Terra, pode prever, se tem sabedoria, o resultado das suas próprias ações. A observação cuidadosa da natureza revela certas regras, por exemplo, que a água flui para baixo ou que a tensão anterior à tormenta se dissipa com a chuva, os trovões e os relâmpagos.

O resultado inevitável de observar os sucessos naturais é observar as ações do homem. Os níveis de observação estendem-se tais quais as ondas num tanque. Se começamos com uma só pessoa, a influência estende-se através das relações familiares, até os amigos e companheiros de trabalho e logo mais adiante, até chegar a abarcar o mundo inteiro. O que restringe a percepção da mente ocidental é o conceito de causalidade. Dado que se nos introduziram desde os nossos primeiros dias, resulta-nos extremamente difícil deixar de lado a crença de que todo sucesso tenha alguma causa imediata, que toda ação conduza a um resultado inevitável. Quando tem lugar um sucesso para o qual nossos horizontes limitados não podem achar uma causa simples, atribuímos à «causalidade» ou à «coincidência».

Muitos volumes foram escritos com discussões matemáticas ou filosóficas sobre o significado da causalidade. Na verdade, fomos induzidos a crer que a probabilidade de que ocorra um sucesso, tal qual se calcula com as mais elaboradas técnicas estatísticas, significa realmente algo.

Um exemplo clássico é nossa visão da desintegração de uma substância radioativa. Pode-se calcular com grande exatidão quanto tempo tardarão em perder sua atividade, a metade dos átomos de uma amostra de rádio. É impossível, não obstante, saber quanto existirá um átomo particular antes que sua atividade cesse. Pode se desintegrar no momento de nossa observação, ou permanecer intacto durante milhares de anos.

Do mesmo modo, no nosso cotidiano há sucessos que podem ser muito prováveis, entretanto nunca ocorrerão, ou muito improváveis de se produzirem no minuto seguinte. O problema é que, às vezes, não podemos decidir qual curso de ação tomar. Tampouco podemos compreender as «coincidências significativas» quando dois sucessos totalmente carentes de relação entre si (até onde poderemos saber) têm lugar juntos. O fenômeno da sincronia tem sido investigado por infinidade de estudiosos e muito se escreveu a respeito.

O I Ching baseia-se, precisamente, na ideia das «coincidências significativas», quer dizer, no princípio da sincronia. Carl Jung, em seu prólogo à tradução do I Ching feita por Richard Wilhelm, comenta este ponto. Resumindo, o lançamento de moedas, a manipulação de talhes de miligrama conforme o método chinês tradicional ou a escolha de uma carta no caso deste livro. São sucessos e sincrônicos em nossa busca de guia por parte do I Ching.

O significado de tal coincidência pode ser obtido no texto do I Ching. Mas, não é um estudo do nosso caráter, nem tampouco uma inalterável predição do futuro. Oferece-nos conselho sobre o melhor modo de nos comportar na circunstância presente de acordo com as inevitáveis forças da natureza. Seu conselho é construído sobre uma cuidadosa observação da condição humana ao longo de milhares de anos.

As expressões e as imagens utilizadas na versão chinesa do I Ching baseiam-se na compreensão intuitiva de seus autores originais, ampliada ao longo dos séculos pelo pensamento de grandes pensadores. Há muito recentemente o mundo ocidental considerava-o apenas uma obra acadêmica que devia se traduzir muito cuidadosa e conscientemente e reproduzir-se com a imaginária chinesa sem substituição alguma. Desafortunadamente, isso pressupõe que apenas poucos intelectuais possam ser conscientes do valor atual do I Ching.

O propósito desta versão simplificada é transmitir seu conteúdo intuitivo sem o impedimento das minúcias nem do formalismo acadêmico. As traduções literais deveriam ser buscadas somente após o entendimento desste breve texto, que pretende tão somente abrir a porta.

Com a guia do I Ching podemos encontrar uma via para diante. A obscuridade pode converter-se em luz. Unicamente, a alma receptiva, não obstante, poderá achar dentro de si um verdadeiro caminho a seguir, onde quer que a conduza. Aqueles que não buscam o conhecimento de si não podem esperar o encontro de uma rota harmoniosa na experiência da vida.

Visto a partir de um ponto de vista alternativo, podemos considerar o I Ching como um manual baseado nos reconhecidos princípios da psicologia, em lugar de vê-lo como um texto profético de sincronicidade.

Apesar das diferenças individuais que se dão entre as pessoas, o certo é que todos costumamos sentir as mesmas emoções. Sabendo disso, podemos predizer as consequências dos contatos que as pessoas têm entre si e assim alterar os resultados mediante a ação adequada. Talvez seja esse o verdadeiro motivo da natureza atemporal do I Ching, que guia igualmente o rico e o pobre.

Entre os significados alegóricos dos elementos representados nas cartas, destaca-se o dragão, uma criatura imaterial do ar e dos céus, que se não há de confundir com os dragões da Idade Média e épocas posteriores da Europa. Seus atributos são a criatividade, a imaginação e os assuntos do espírito.

Do mesmo modo, é conveniente mencionar também a água, uma substância que nunca perde sua própria identidade, mas que pode adotar a forma externa daquele dentro do qual se encontre. Segue seu caminho, independentemente de qualquer perigo. Precipícios escarpados, profundos barrancos, escuras cavernas subterrâneas e lagos a céu aberto, todos a contêm, mas de modo atemporal e permanente. Responde aos demais elementos, mas nunca se perde verdadeiramente. Na calma traz vida e fertilidade, mas na ira tem poder aterrador e é capaz de varrer os frágeis esforços do homem.

Cada hexagrama é formado por duas trigramas. Os dados dos hexagramas e das trigramas que os forma estão distribuídos no quadro da próxima página.

OS HEXAGRAMAS

Superior → Inferior ↓	Ch'ien	Chen	K'an	Ken	K'un	Sun	Li	Tui
Ch'ien	1	34	5	26	11	9	14	43
Chen	25	51	3	27	24	42	21	17
K'an	6	40	29	4	7	59	64	47
Ken	33	62	39	52	15	53	56	31
K'un	12	16	8	23	2	20	35	45
Sun	44	32	48	18	46	57	50	28
Li	13	55	63	22	36	37	30	49
Tui	10	54	60	41	19	61	38	58

Interpretação das cartas do I Ching

1

CHʼIEN

O CRIATIVO

Chiʼen sobre Chiʼen.
Céu sobre Céu.

乾 - 1 -
CHʼIEN
O CRIATIVO

A IMAGEM

O movimento dos céus está cheio de poder. Como é no céu, assim é na Terra.

O JUÍZO

Para alcançar o êxito absoluto, nossas forças criativas devem ser aplicadas continuamente. O progresso para as metas últimas da vida só pode lograr-se ao longo do caminho que transcorre paralelamente com as Leis do Universo. Todos podem ter grandes ideias, mas é a aplicação da força criativa o que as torna realidade. Se as ideias não se ajustam à verdadeira natureza das coisas, ou se o caminho está desviado, a grandeza não poderá ser alcançada. O êxito unicamente será conseguido se nossas ações estiverem em harmonia com o universo.

AS LINHAS

A linha da base. Inteira: Quando o mundo exterior estiver preparado, as grandes ideias serão aceitas. Enquanto isso, não podem se impor pela força aos demais, senão que permanecerão concentradas.

2º Inteira: Quando conhecemos uma pessoa de grande valia, inclusive, se, todavia, não tenha alcançado a grandeza, será benéfico seguir seu conselho.

3ª Inteira: Uma porta para consecução está se abrindo, mas seguir o caminho requer integridade sem vacilação. A ambição e a abundância não merecidas podem nos afastar do que é correto.

4ª Inteira: Deve escolher entre o caminho da aclamação pública e o caminho da obscuridade e da introspecção. Cada pessoa deve fazer sua própria eleição.

5ª Inteira: Cada qual no seu. Se buscamos a grandeza, devemos seguir os grandes homens.

6ª Inteira: Cuidado com os perigos do excesso. Não o coloque acima do resto da humanidade.

Todas as linhas inteiras: A força e a humildade unem-se. A grandeza chega pela suave aplicação do correto. O fim não justifica os meios.

2

K'un

O RECEPTIVO

K'un sobre K'un.
Terra sobre terra.

A IMAGEM

A condição da Terra é uma devoção receptiva. A pessoa superior, com caráter elevado, apoia o bom e suporta o mal.

O JUÍZO

O sábio seguirá o bom conselho e continuará pelo caminho correto em tudo que fizer. É necessário ajuda para expressar todo nosso potencial em sua plena extensão, mas há que dispor de um tempo para preparar um curso de ação que conduza ao êxito. No mundo da natureza, enfermidade e saúde, caçadores e caçados convivem. Ao se aceitar o destino, poder-se-á escolher o melhor curso de ação e lograr-se-á o progresso.

As linhas

A linha da base. Partida: Ante os primeiros sinais de alteração ou decadência, haverá de empreender a ação. De outro modo se chegará ao desastre, assim como os céus do inverno seguem o granizo outonal.

2ª Partida: Os logros de uma pessoa superior desenvolvem-se a partir dos de outra, e todas as suas ações são claramente visíveis. As forças da natureza criam as mudanças. Toda criatura desempenha seu papel.

3ª Partida: Não realize atos para receber louvores, mas, antes, continue tranquilamente com o trabalho até seu término.

4ª Partida: O tempo ainda não é adequado para a ação. Misture-se à multidão ou retire-se ao isolamento. Em tempos de perigo, o sábio deve permanecer silencioso, para impedir impressões errôneas que poderiam ocasionar invejas ou aclamação fora de lugar.

5ª Partida: Uma pessoa superior, quando trabalha em posição subordinada, deve mostrar discrição. A excelência só deveria se mostrar na qualidade do seu trabalho.

6ª Partida: Tentar governar em lugar de servir trará prejuízo. Todos sofrerão danos.

Todas as linhas partidas: A perseverança constante frutificará. Não há avanço, nem retrocesso.

3

Chun

A dificuldade inicial

K' an sobre Chen.
Água sobre trovão.

A imagem

O vulcão em erupção e outras nuvens escuras podem parecer caóticos, mas após a tormenta voltará à ordem. O homem sábio progride classificando e combinando os aspectos positivos. Uma semente em germinação pode achar dificuldades para assomar sobre o solo.

O Juízo

No início de qualquer grande atividade sempre há dificuldades e perigos. A pessoa superior trabalha arduamente e proporciona orientação, mas há de ter auxiliares. Não há de se precipitar a novos cursos de ação.

As Linhas

A linha da base. Inteira: Se há dificuldade no princípio, os objetivos deverão ser mantidos, porém o caminho há de ser novamente planejado. Os associados não devem ser dominados, mas amavelmente convencidos do valor de um projeto.

2ª Partida: Perante as dificuldades, não deveríamos aceitar a ajuda de origem inesperada que nos gera obrigações. Passado um tempo, que pode ser longo, o êxito chegará.

3ª Partida: Sem um guia, as dificuldades não podem ser superadas. A obstinação em prosseguir às cegas conduz ao fracasso. Busque conselho, busque planos, se for preciso.

4ª Partida: Quando carecemos de capacidade para atuar, não devemos ser tão orgulhosos a ponto de recusar ajuda, pois a ajuda pode nos levar adiante.

5ª Partida: Perante a resolução de um problema difícil, obstaculizado por mal- entendidos, devemos avançar tranquila e lentamente. Tentar dar um grande salto nos levará ao fracasso.

6ª Partida: Para algumas pessoas as dificuldades podem parecer grandes demais, a ponto de abandoná-las, pensando ser impossível superá-las. O que é lamentável.

4
Meng

LOUCURA JUVENIL

Ken sobre Kan.
Montanha sobre água.

A IMAGEM

A água flui continuamente, enchendo todas as depressões, mas sem estancar jamais. O sábio é consciente em tudo o que faz, não deixa passar nada despercebido.

O JUÍZO

É compreensível que os inexperientes busquem o conselho dos sábios, todavia, o sábio não oferece seu conselho, se não o solicitam. A sabedoria não se alcança apoiando-se na força de uma pessoa superior. Sigam o caminho passo a passo, sem questionar os bons conselhos.

AS LINHAS

A linha da base. Partida: Ter êxito na vida requer disciplina, mas não deveria se converter em ritual que asfixie a iniciativa.

2ª Inteira: A pessoa responsável tolerará a debilidade e a loucura dos demais, ela, porém, a salvo em sua própria firmeza interior, será capaz de alcançar o êxito.

3ª Partida: Somente a pessoa débil abandona sua individualidade para imitar a outra. Ninguém que seja sábio aceitará semelhante adoração insensata.

4ª Partida: Ao se deparar com um néscio, envolto em seus próprios pensamentos vazios, o sábio não tem alternativa senão deixar que aprenda através da sua própria estupidez.

5ª Partida: Se quisermos aprender com os sábios, não devemos pretender ser mais espertos do que somos.

6ª Inteira: O castigo não deve ser imposto pela ira. Deve cumprir o propósito de impedir os excessos não razoáveis por parte de outros.

5

Hsu

PACIÊNCIA

K' an sobre Ch'ien.
Água sobre Céu.

A Imagem

Quando as nuvens se formam nos céus, sabemos que haverá chuva, mas não devemos esperá-la. Não se conseguirá nada tentando interferir no futuro antes que chegue seu momento. É preciso paciência.

O Juízo

Para ter êxito devemos aguardar até o momento oportuno, perseverando no caminho correto até alcançar o final. Isto não é fatalismo cego, uma vez que reflete a capacidade de ver os fatos como são e assim achar a via até a consecução. Desse modo, quando a oportunidade chegar, estaremos preparados para tomar a decisão correta.

As linhas

Linha da base. Inteira: Os perigos, todavia, estão apenas no horizonte. Não devemos esgotar nossos recursos de forma prematura, mas continuar normalmente e aguardar pelo momento oportuno de agir.

2ª Inteira: O tempo das decisões importantes se aproxima, mas devemos nos ater firmemente ao correto. O orgulho ferido deve ser suportado com calma.

3ª Inteira: Não é sábio fazer uma tentativa antecipada para superar o problema. Quando atuarmos, nossos recursos deverão ser suficientes para nos conduzir ao final.

4ª Partida: Encontramo-nos no momento de perigo, porém não temos espaço para manobrar. Não devemos nos precipitar.

5ª Inteira: Há momentos, inclusive em tempos de perigo, em que devemos ser capazes de relaxar e nos preparar para a ação seguinte.

6ª Partida: O perigo está conosco e não podemos achar uma via de escape. Visitantes ou sucessos inesperados se nos acercam, mas devemos tratá-los com respeito. A fortuna chega frequentemente por rotas inesperadas.

6

Ung

O Conflito

Ch'ien sobre K'na.
Céu sobre Água.

- 6 -
SUNG
O CONFLITO

A Imagem

O movimento do trigrama superior – céu dirige-se para cima, enquanto o inferior – água é descendente. Ambos, unidos, trazem a ideia de conflito, de contradições. Os conflitos podem ser evitados quando deliberadamente examinados em seu início.

O Juízo

Havemos de chegar a um consenso com aqueles que se opõem a seguir um caminho correto de ação, evitando inimizades futuras. Pode ser necessária uma autoridade externa e imparcial que julgue o caso. Sem acordo não se alcança grandes projetos.

As Linhas

A linha de base. Partida: Em caso de conflito em que o opositor é mais forte, não prossiga. No final, será melhor assim.

2ª Inteira: Não há desonra em se retirar de uma luta desigual. Outros resultariam também machucados.

3ª Partida: Somente aquilo que temos conseguido pelos nossos esforços é permanentemente nosso. A recompensa é a tarefa mesma, não a honra de ter feito.

4ª Inteira: Uma pessoa insatisfeita, que procura conflito com outra, jamais se sentirá feliz consigo, mesmo que tenha vencido. Aceitar o próprio destino trará harmonia em nossa vida.

5ª Inteira: Perante um juiz independente, forte e justo, pode-se confiar e esperar que lhe dê a resposta mais certa.

6ª Inteira: Se um conflito é levado até as últimas consequências, o trunfo terá vida curta, pois alguém diferente vencerá a próxima vez, e o conflito nunca se resolverá.

7

SHIH

O EXÉRCITO

K'un sobre K'na.
Terra sobre água.

- 7 -
SHIH
O EXÉRCITO

A IMAGEM

A água armazena-se na terra, às vezes, de forma invisível para proteger sua evaporação, mas disponível para quando se quiser. Do mesmo modo, a força militar sustenta-se na massa do povo, residindo tranquilamente em seu interior. Os atributos dos trigramas são perigo acima e obediência abaixo.

O JUÍZO

Um grupo de pessoas desorientado deve ter um líder que dirija seus esforços até a meta estabelecida. Todos devem conhecer e aceitar os objetivos e estar convencidos da integridade do seu líder. Uma ação drástica, como a guerra, deveria ser empreendida somente como último recurso, do mesmo modo a vitória não deveria ser escusa para uma injusta vingança.

As linhas

A linha da base. Partida: No princípio de qualquer projeto, os objetivos devem estar claros e ser razoáveis, o grupo bem organizado; de outro modo, o fracasso será inevitável.

2ª Inteira: Um líder deve estar com sua gente, tanto na boa quanto na má fortuna. Quando se alcança o êxito e se confere honra ao seu líder, também o recebe sua gente.

3ª Partida: Quando não se permite à pessoa correta assumir um cargo, ou um usurpador intromete-se na liderança de uma empresa, o infortúnio é garantido.

4ª Partida: É ingenuidade combater contra forças superiores. Retire-se cordialmente a fim de impedir sua derrota.

5ª Partida: Ao tempo de se defender dos inimigos, deve a defesa realizar-se justamente, sob a liderança apropriada. Se a massa é quem governa, trará desgraças.

6ª Partida: Ao final de uma luta, os participantes devem ser recompensados, cada um de acordo com seus méritos. Outorgar grande honras ou méritos àqueles que não os merecem, pode conduzir a abusos posteriores.

8

PI

A SOLIDARIEDADE

K'nan sobre K'un.
Água sobre Terra.

A IMAGEM

A água, em qualquer lugar da Terra, flui até se harmonizar. Todos os rios unem-se no mar. Do mesmo modo, todo ser humano, membro de uma comunidade, deveria trabalhar por ela. A solidariedade e a colaboração trazem progresso.

O JUÍZO

Acercar-se de outros traz êxito, mas o grupo há de ter um líder. O líder deve ser alguém com excepcional bom caráter e estabilidade. Se não temos perfil para a tarefa, devemos nos unir a alguém que tenha. Se duvidarmos da nossa capacidade, o I Ching guiará a nossa escolha. Se a decisão demanda tempo, a oportunidade, tanto de ser líder quanto de nos reunir pode passar rapidamente e, como consequência, os benefícios de trabalhar junto a outros se perdem.

As Linhas

A linha da base. Partida: Seja sincero em todos os seus contatos com todos, e a recompensa chegará.

2ª Partida: O sábio leva a cabo seus deveres corretamente, mas não segue cegamente as ordens apenas para alcançar o objetivo. Assim, mantenha sua dignidade.

3ª Partida: Cuidado com a companhia daqueles com que compartilham harmonia espiritual. Estar demasiado próximo a tais pessoas os impedirá de forjar melhores relações quando chegue a oportunidade.

4ª Partida: É sensato mostrar apoio a um líder, mas ignorância nos desviar de nossos verdadeiros sentimentos.

5ª Inteira: Um verdadeiro líder não necessita forçar que outros se unam a ele, nem castigar os que não o fazem. Sua honestidade e integridade guiam os demais até ele.

6ª Partida: Não seguir o curso correto da ação significa perder a oportunidade. O resultado será lamentar-se.

9
HSIAO CH'U

A PEQUENA
FORÇA DOMESTICADORA

Sun sobre Ch'ien.
Vento sobre o Céu.

A IMAGEM

O vento, carente de substância em si mesmo, pode reunir as nuvens no céu, mas elas, talvez, se separem de novo sem chegar a formar a chuva. Somente por meio da suavidade e da amabilidade é que se poderá lograr êxito.

O JUÍZO

As condições, todavia, não são as idôneas e não podemos nos precipitar para alcançar o objetivo final. O êxito virá, no entanto, há problemas a resolver. O caminho requer que prossigamos tranquilamente, adaptando-nos às influências externas, mas sem debilitar nossa resolução de chegar à meta proposta. Os pensamentos e ações dos demais podem melhorar graças à nossa influência.

As linhas

A linha da base. Inteira: Quando o caminho se encontra obstruído, impedindo o progresso, não force o caminhar. Volte ao ponto de partida e poderá alcançar significativo avanço.

2ª Inteira: Ao vermos o progresso de outros estagnado, não faz sentido continuar. Expor-se ao fracasso de modo desnecessário carece de valor.

3ª Inteira: Os bons pensamentos e as boas ações podem nos trazer sempre o êxito contra uma oposição aparentemente ligeira. Os débeis e inferiores podem impedir o progresso, de modo que não se alcance vitória fácil. Chegue a um acordo.

4ª Partida: O conselho dado aos que se encontram em posições superiores deveria sempre ser o de fazer o verdadeiramente correto. Mas, o conselho pode não ser bem recebido a princípio, contudo, a verdade, inevitavelmente, triunfará.

5ª Inteira: Os fortes e os débeis podem ser amigos, se ambos são honestos em sua atitude. Compartilhar entre os que se complementam conduz à felicidade.

6ª Inteira: Perante o êxito, deve-se ter prudência. Tirar proveito indevido nesse momento não seria favorável.

10

lu

A CONDUTA CORRETA

Ch'ien sobre Tui.
Céu sobre um Lago.

- 10 -
lu
A CONDUTA CORRETA

A IMAGEM

O céu, por sua natureza mesma, está mais acima do que um lago. O mesmo ocorre com os seres humanos: existem diferenças entre as pessoas. Um sistema em que as posições de autoridade correspondem à valia interna será aceito, enquanto que um sistema injusto produzirá lutas.

O JUÍZO

A igualdade universal é impossível, mas, é importante que as diferenças não sejam arbitrárias e injustas, porque nesse caso chegará a luta e suas consequências inevitáveis. Pelo contrário, se as diferenças externas correspondem às diferenças reais, essas são aceitas e a ordem reinará na sociedade.

As linhas

Alinha da base. Inteira: O progresso de uma posição inferior deveria ser feito visando-se a certo objetivo, não meramente para escapar dessa posição. Não há mal algum nessa simplicidade. Trabalhem tranquilamente para alcançar o êxito.

2ª Inteira: O homem inteligente pode seguir o caminho honesto através da vida, se não exige muito e não se ilude por ofertas tentadoras.

3ª Partida: Uma pessoa frágil que se considera forte só traz consequências para si mesma perante uma ação imprudente. Somente se a causa for extremamente justa é que deveremos nos arriscar mais além da nossa capacidade.

4ª Inteira: Se a resolução interna é firme, se alcançará êxito, inclusive se o assunto é abordado de forma prudente.

5ª Inteira: Para a superação de um problema, o esforço deve ser intenso, mas há de ter sempre em conta os perigos que podem advir.

6ª Inteira: Se nos conhecem pelo fruto dos nossos labores. Se nossa conduta foi correta no passado, podemos esperar o êxito no futuro.

11

TA!

A Paz

K'um sobre Ch'ien.
Terra sobre Céu.

A IMAGEM

Quando as influências do céu e da Terra se combinam, tudo é possível. Para conseguir o êxito, todavia, os projetos devem ser abordados de forma ordenada. Para promover o pleno desenvolvimento, as ações devem estar sincronizadas com as Leis da Natureza.

O JUÍZO

Quando tudo se acha na relação correta, é possível uma existência harmoniosa. Quando os bons são poderosos e estão à frente, os maus se submeterão às boas influências e melhorarão.

As linhas

A linha da base. Inteira: Quando as coisas vão bem, uma pessoa capaz pode motivar o indivíduo a se desenvolver. As boas influências expandem-se e todos conseguem mais.

2ª Inteira: Em tempos de prosperidade, é necessária a nobreza de caráter para tratar com seres imperfeitos. O homem sábio busca e desenvolve o que de bom há no ser humano. Inclusive as tarefas difíceis devem feitas, corretamente.

3ª Inteira: É uma inexorável Lei da Natureza que o mal deve seguir o bem, que a decadência deve seguir a ascensão. Crer que podemos descansar sobre nossos logros é uma perigosa falácia. A força interior pode superar qualquer adversidade que ocorra no exterior.

4ª Partida: Quando todos se sentem seguros, os que têm êxito podem misturar-se, livre e facilmente, com os que não conseguiram grandes logros.

5ª Partida: Ao se reunirem, o alto e o baixo, não devem acentuar suas diferenças, mas atuar conjuntamente para o desenvolvimento mútuo.

6ª Partida: Não é o momento adequado para ações veementes. Mantenha-se fiel a si mesmo e espere.

12

Pi

O ESTANCAMENTO

Ch'ien sobre K'um
Céu sobre Terra.

- 12 -
Pi
O ESTANCAMENTO

A IMAGEM

Quando as influências do céu e da Terra estão separadas, o progresso não acontece. Inclusive uma boa pessoa não pode ter êxito. O ideal é se retirar da vida pública e trabalhar tranquilamente na sombra.

O JUÍZO

Quando um indivíduo de intenção duvidosa começa a obter o controle, o progresso do bem se vê obstruído. O desenvolvimento ordenado não é possível e surgem situações caóticas. Isso não significa que seja necessário debilitar os princípios. Deve-se manter firme, mas de forma tranquila.

As Linhas

A linha da base. Partida: Como os logros públicos não são possíveis, os bons reúnem-se em particular para aguardar tempos melhores.

2ª Partida: Os débeis seguirão tanto os líderes bons quanto os maus. A pessoa forte está preparada para sofrer externamente por reter sua força interior.

3ª Partida: Se uma pessoa inferior chega ao poder ilegitimamente, não se sente igual frente às suas responsabilidades como se sua ascensão tivesse sido justa. Em seu coração, sente-se envergonhada. Isso indica mudança vantajosa.

4ª Inteira: Quando o período de estancamento chega ao seu final, aqueles que podem melhorar a situação são chamados ao poder. Uma pessoa que se imagina grande pode tropeçar e cair.

5ª Inteira: Quando a boa fortuna está superando a má é, todavia, necessária a precaução. O êxito geral aproxima-se, mas algumas ideias podem falhar. A complacência deve ser evitada.

6ª Inteira: Ainda que a ordem, de modo natural, decaia e se converta em desordem, um esforço positivo será exigido a fim de que um período de obstrução e de falta de progresso seja esgotado.

13

Tung Jen

A Amizade

Ch'ien sobre Li.
Céu sobre fogo.

A IMAGEM

Ainda que as chamas se elevem até o céu, ambos serão distintos, mas ao se mesclarem, resultará o caos. Do mesmo modo, a amizade entre os homens não se deve ao fato de se unir, mas a uma ação ordenada e cooperativa. A sociedade é uma relação organizada, em que os indivíduos atuam em conjunto, de modo firme, mas, preparados para ceder, quando necessário.

O JUÍZO

A amizade não se baseia nos interesses triviais do indivíduo. Grandes logros podem ser obtidos unindo-se com um líder sábio e inspirado, capaz de ver as metas mais amplas da humanidade e de segui-las sem vacilação.

As linhas

A linha da base. Inteira: As reuniões abertas das quais todos podem participar conduzem a grandes resultados. As celebradas a portas cerradas trarão maus resultados.

2ª Partida: Cuide ao formar pequenos grupos exclusivistas, que se mantêm juntos apenas por motivos fúteis e contrários a outros. Tais grupos devem inevitavelmente se descompor.

3ª Inteira: Quando uma pessoa começa a desconfiar de outra, passa a estabelecer planos a fim de surpreender seu suposto oponente. Inevitavelmente, suspeita que seu antigo companheiro esteja fazendo o mesmo, tornando cada vez maior a distância entre ambos.

4ª Inteira: A disputa atingiu seu clímax. As diferenças acirradas de opinião podem levar os protagonistas a ações autodestrutivas. Portanto, o sentido comum deve agora prevalecer.

5ª Inteira: A separação forçosa faz com que o indivíduo, com o coração conectado, atravesse duros e difíceis caminhos. Finalmente, a união se restabelecerá e as alegrias se estenderão por suas vidas.

6ª Inteira: Não há razão para sentir tristeza, porque nem todo o mundo está em harmonia. Se, carentes de motivos egoístas, unimo-nos a um grupo, ainda que seja pequeno, algo lhe terá conseguido.

14

TA YU

A GRANDEZA

Li sobre Ch'ien.
Fogo sobre Céu.

A IMAGEM

O sol brilha no céu e tem poder sobre tudo que existe sobre a face da Terra. Entretanto, traz tanto o bem quanto o mal. Uma pessoa sábia é modesta quando se acha em uma posição de poder e pode, então, alcançar a grandeza.

O JUÍZO

Posse em grande medida. Êxito supremo. Este dois trigramas indicam união clara e poderosa. A virtude da modéstia contribui ao êxito. O poder expressa-se por um caminho controlado e traz satisfação e riqueza.

AS LINHAS

A linha da base. Inteira: Riqueza ou posição recém-adquiridas não devem ser pretextos para o desperdício e a arrogância. Atente para o perigo de tais excessos.

2ª Inteira: A ajuda está disponível para assistir a uma importante tarefa. O movimento para frente pode ser obtido quando as circunstâncias e as pessoas estão adequadas para a tarefa proposta.

3ª Inteira: Uma pessoa superior sempre está disposta a colocar suas posses ao serviço de outros. Aferrar-se a algo que poderia ser utilizado em benefício de outros impede o progresso.

4ª Inteira: Encontrar-se entre os que são mais ricos e poderosos é uma situação perigosa. Erros podem ser cometidos em razão do desejo de emulá-los.

5ª Partida: Não apenas aqueles de grandes posses terão boa fortuna. Conseguir-se-á por outros de nossa parte mediante uma exposição sincera e digna da verdade.

6ª Inteira: A modéstia e o desejo da verdade, mantidos por uma pessoa de grande autoridade, asseguram que todas as ações tragam boa fortuna.

- 15 -
Chien
A MODESTIA

15

CHIEN

A MODÉSTIA

K'un sobre Ken.
Terra sobre montanha.

A IMAGEM

Quando a terra é elevada e a montanha rebaixada, ambas formam entre si um equilíbrio. Do mesmo modo, em relação à promoção da igualdade entre um pessoa alta e outra baixa.

O JUÍZO

As Leis da Natureza funcionam de tal forma que tudo declina quando se encontra em seu ponto culminante, e tudo ressurge quando se acha em seu nível inferior. O mesmo que o sol e a lua que se seguem incessantemente pelo céu, o ser humano também segue tais leis. Um homem modesto cumpre sua missão, independentemente se está na posição mais elevada ou na mais baixa, sem pretensão de chamar atenção.

As Linhas

A linha da base. Partida: O homem modesto pode conseguir grandes logros. Não exige muito dos demais, nem se amedronta ante os que o criticam. Atua de modo singelo e simples e não encontra resistência.

2ª Partida: Uma atitude mental modesta se mostrará nos fatos. Ninguém pode objetar contra isso, o que produz um efeito benéfico e de longa duração.

3ª Inteira: Uma pessoa modesta, que não permite que a fama a transtorne, será capaz de levar seus planos até o final, sem oposição.

4ª Partida: A modéstia mostra-se comunicando nossa responsabilidade tanto aos que estão acima quanto aos que estão abaixo. Isso não significa evitar nossa responsabilidade nem falhar em nosso dever.

5ª Partida: Há momentos em que inclusive uma pessoa modesta deve tomar severas medidas. Não se orgulha do poder. Leva até o fim o que é necessário, sem insultar os demais.

6ª Partida: Um indivíduo modesto não se retrai ante a responsabilidade, seja consigo mesmo ou com os demais. Quando se necessita de uma ação enérgica, ela se realiza de modo apropriado.

16
Yu

O ENTUSIASMO

Chen sobre K'un.
Trovão sobre Terra.

A IMAGEM

Quando o trovão chega alivia a tensão e promove a ação positiva. A música pode fazer o mesmo, tornando as pessoas entusiastas e as unindo. Quando utilizada para promover o bem, a música as aproxima do céu.

O JUÍZO

Quando a pessoa adequada aparece, pode fazer surgir o entusiasmo e se isso ocorre, grandes êxitos serão conseguidos conforme as Leis Naturais. Com boa ajuda e apoio popular, chega-se ao sucesso.

AS LINHAS

A linha da base. Partida: Aqueles que se vangloriam de seus poderosos amigos trazem a desgraça sobre si. O entusiasmo deve ser uma influência efusiva a unir os indivíduos.

2ª Partida: O sábio não adula os que estão acima dele, nem menospreza os que estão abaixo. Ele permanece firme, contudo é capaz de perceber o germinar de boa e de má fortuna e atua imediatamente de modo apropriado.

3ª Partida: Há que atuar com entusiasmo no momento correto. Confiar-se demasiado na guia de outros pode ocasionar atrasos e lamentações.

4ª Inteira: Uma pessoa sincera e entusiasta pode contagiar os demais, de modo que juntos consigam sucesso.

5ª Partida: Há momentos em que as forças que impedem a ação podem ser benéficas. A energia é, então, conservada para seu uso futuro.

6ª Partida: O excesso de entusiasmo pode cegar uma pessoa ante a verdade. Se, ao final, vê-se o erro e se empreende uma ação mais adequada, o dano não será de grandes proporções.

- 17 -
Sui
O SEGUIMENTO

17
Sui

O SEGMENTO

Tui sobre Chen.
Lago sobre trovão.

A IMAGEM

O trovão não brama em qualquer momento. Quando o fizer, permaneça em silêncio. Do mesmo modo, uma pessoa sábia não se agita com a ação e a luta constantes. Há momentos em que o descanso e a recuperação são essenciais. Se, necessário, adapte-os a uma situação difícil.

O JUÍZO

Para conduzir outros, uma pessoa há de saber primeiro por onde avançar e logo buscar o acordo voluntário antes da coação ou do engano. Se almeja êxito, a causa deve ser justa, tanto para aquele que guia quanto para aquele que é guiado.

As linhas

A linha da base. Inteira: Um bom líder leva em conta os pontos de vista dos seus seguidores, mas não permite que comprometam seus próprios princípios. Não ouve unicamente os que estão de acordo com ele, senão que é feliz considerando todas as opiniões.

2ª Partida: A escolha das companhias é vital para o êxito. Os bons amigos ajudarão o progresso, os maus, porém, os entorpecerão.

3ª Partida: Uma vez achado o caminho correto, a pessoa deve seguir os que podem ajudá-la e abandonar os que lhe criam obstáculos. Tenha cuidado, não obstante, de que o caminho seja sempre verdadeiro.

4ª Inteira: Quando uma pessoa assume a liderança, pode ver-se rodeada por aqueles que a seguem apenas por seu próprio interesse, não pelo bem da causa. Um bom líder, conhecendo em seu coração o que é correto, não se verá afetado adversamente por tais associados.

5ª Inteira: Baseie sua confiança naquilo em que acredita. Então, poderá seguir sem dano algum.

6ª Partida: Um velho sábio pode preferir ater-se à sua própria companhia depois de longos anos de serviço aos demais, mas se for abordado apropriadamente, poderá auxiliar de novo e formar vínculos estreitos e duradouros.

18

Ku

Trabalhar no que foi destruído

Ken sobre Sun.
Montanha sobre Vento.

A imagem

O vento que sopra ao pé de uma montanha causa danos, igual ao comportamento vil que prejudica e corrompe o indivíduo. O sábio deve fomentar o interesse e promover a ação apropriada para corrigir esses males.

O Juízo

No caso presente, ações errôneas causaram o problema, portanto ações corretas podem eliminá-lo. A tarefa não é simples, mas não há que se precipitar. Primeiramente, é necessário pensar cautelosamente em como levar o projeto até uma solução estável final. A ação firme, balizada na adequação, é essencial.

As Linhas

A linha da base. Partida: As velhas tradições podem ter trazido a decadência como resultado. Uma troca cuidadosamente planejada restaurará a estabilidade.

2ª Inteira: Diante de problemas causados pela debilidade, a cura deve ser aplicada, suavemente, para evitar danos excessivos.

3ª Inteira: Quando necessária a correção de velhos problemas, deve ser realizada com bom-humor e ponderação. Lamentações surgirão em tais momentos que não deverão ser causa de grandes preocupações.

4ª Partida: Ao se perceber que acontecimentos vão mal devido a falhas passadas, não se deve permitir que sigam o seu curso natural, pois tal debilidade trará más consequências.

5ª Partida: Quando os problemas do passado são tão grandes a ponto de uma só pessoa não conseguir corrigi-los, a ajuda de outros favorecerá o progresso, equilibrando a situação.

6ª Inteira: Para se atingir o progresso não é necessária toda a sabedoria do mundo. Se o seu objetivo é estabelecer padrões que inspirem indivíduos para o futuro tal renúncia é justificada.

19

凵n

- 19 -
凵n
A APROXIMAÇÃO

A APROXIMAÇÃO

K'un sobre Tui.
Terra sobre lago.

A IMAGEM

A terra e as águas que há sobre ela sustentam toda a vida, seu alcance é ilimitado. Assim, o sábio pode sustentar outros com conselhos e ânimos inesgotáveis. Nenhuma pessoa é demasiado insignificante para que não se a tenha em conta.

O JUÍZO

O momento é agora favorável para progredir e deveria empreender-se a ação. Não obstante, recordem que haverá de vir, inevitavelmente, tempos menos propícios, com igual segurança o outono deverá seguir o verão. O infortúnio pode ser evitado se no princípio forem tomadas precauções apropriadas.

As linhas

A linha da base. Inteira: As boas influências estão começando a prevalecer, e pessoas adequadas estão surgindo. Teremos êxito se nos ativermos ao correto.

2ª Inteira: O chamado para prosseguir vem de lugares elevados, e a pessoa sábia e resoluta pode progredir. Não há por que se preocupar se as coisas nem sempre vão bem. O caminho da vida inevitavelmente progride com altos e baixos.

3ª Partida: Quando tudo vai bem é fácil sentir-se confiante e não prestar a nossos deveres a atenção que requerem. Ao conseguir reconhecer a tempo essa tendência, poderá corrigir-se e dela não resultará dano algum.

4ª Partida: Quando os que ocupam postos de autoridade são de mente aberta, uma pessoa de talento poderá ser chamada a lugares altos e poderosos sem considerar suas origens humildes.

5ª Partida: Uma pessoa de autoridade deve ser capaz de atrair a si mesma aqueles aos quais possa confiadamente delegar responsabilidades. Também deve permitir-lhes que atuem sem impedimentos.

6ª Partida: O sábio que transcendeu o mundano da vida pode ter de retornar, em certas ocasiões, para ajudar a outros a obter boa fortuna. Nisso não há dano algum, nem compromete os princípios.

20
K'un

A CONTEMPLAÇÃO

Sun sobre K'un.
Vento sobre terra.

A IMAGEM

Quando o vento sopra sobre a terra, dobra as plantas à sua vontade. Do mesmo modo, uma pessoa superior é capaz de influenciar amplamente os demais. Por um verdadeiro conhecimento dos seus sentimentos, será capaz de inspirar a todos, atuando como um sobressalente exemplo para elas.

O Juízo

Aqueles que entendem as Leis da Natureza e têm fé no mundo e em si mesmos são capazes de influir nos demais sem esforço algum. Nas ações de uma pessoa superior expressa-se a contemplação do elevado.

As linhas

A linha da base. Partida: Um líder deve contemplar cuidadosamente suas decisões de modo que possa levar adiante suas responsabilidades com êxito. Para o indivíduo inferior, que se beneficia da influência do homem sábio, tal compreensão profunda não é necessária.

2ª Partida: Os que se acham em posições inferiores não precisam atribuir às questões ampla importância. Os que se encontram em posições de autoridade devem considerar o bem-estar dos demais, tanto quanto ele, o seu próprio.

3ª Partida: Olhar os acontecimentos de nossa vida de um ponto de vista unicamente pessoal impede uma avaliação apropriada de nós mesmos. Devemos considerar os efeitos de nossa influência sobre os demais e só, então, julgar adequadamente se estamos ou não progredindo em nossa vida.

4ª Partida: Ao encontrar uma pessoa sábia que conhece como promover o progresso, deve-se permitir que atue sem travas.

5ª Inteira: Uma pessoa de autoridade deve examinar constantemente os efeitos de suas ações. Quando eles são positivos, as decisões estão livres de culpa. Dar voltas às faltas não reporta benefício algum.

6ª Inteira: Uma pessoa grande pode liberar-se das restrições pessoais e contemplar, em seu lugar, as Leis da Natureza. Assim, aprende que viver sem pecado é o verdadeiro caminho do êxito.

21
SHIH HO

SUPERANDO AS DIFICULDADES

Li sobre Chen.
Fogo sobre Trovão.

A IMAGEM

Antes de uma tormenta acumula-se tensão, que somente é aliviada pela explosiva força do trovão ou do relâmpago. Nos assuntos humanos deve fazer-se uma clara distinção entre os castigos pelos crimes terríveis e pelos insignificantes. A pena pelas más ações deve aplicar-se de modo rápido e seguro, a fim de impedir mais problemas.

O JUÍZO

Para superar as obstruções deliberadas requer-se uma ação contundente, pois não desaparecerão por si mesmas. Deve castigar-se com clareza, mas não drasticamente, mostrando um adequado respeito pelo dever da parte dos que se acham em posição de poder.

As Linhas

A linha da base. Inteira: Ante os primeiros sinais de ação errônea, devem ser dados passos comedidos para deter o caminho descendente.

2ª Partida: Em alguns casos é simples distinguir entre o bom e o mau e agir de acordo. Às vezes, porém, pode reagir-se em excesso e aplicar um castigo implacável. Isso não deveria ser causa de pesar, pois o castigo era merecido.

3ª Partida: Os que cometem más ações não se submetem a nada às mais poderosas autoridades. Os velhos problemas são particularmente difíceis de resolver, e ao aplicar o justo castigo surgem maus sentimentos contra uma pessoa que meramente está cumprindo com seu dever. Não há razão para se lamentar da ação adequada.

4ª Inteira: As grandes dificuldades e os poderosos inimigos há de ser superados e isso só será conseguido por meio de ação contundente e resoluta. Com o tempo, haverá êxito.

5ª Partida: Deve-se tomar uma decisão difícil, mas tangente. Uma vez cientes de nossa responsabilidade por encontrar uma solução perfeitamente justa, podem evitar-se os erros e corrigir-se qualquer tendência à indulgência.

6ª Inteira: Algumas pessoas néscias não podem ver o erro de seu percurso e continuam pelo caminho da desgraça sem levar em conta o futuro.

22
PI

A BELEZA

Ken sobre Li.
Montanha sobre Fogo.

A IMAGEM

Uma montanha pode ser mostrada em toda sua beleza pelo fogo que a ilumina. Do mesmo modo, os pequenos problemas podem ser esclarecidos e facilmente resolvidos pela simples aplicação da solução correta. Os problemas importantes requerem muito mais atenção.

O JUÍZO

A beleza na natureza e nos assuntos do homem é algo maravilhoso e pode promover pequenos êxitos. A contemplação da harmonia grácil, não obstante, permite o progresso em tudo a que alguém se proponha.

As linhas

A linha da base. **Inteira:** Ao ir por um caminho difícil, outros podem sugerir modos impróprios de lograr rápido progresso. O sábio desdenha esses atalhos aparentes para o êxito.

2ª Partida: A beleza corporal exterior não é nada sem a beleza interior. Cultivar somente o externo é mera vaidade.

3ª Inteira: A bebida e a boa companhia podem ser agradáveis, mas não deve permitir-se que se caia na ociosidade. O êxito depende da ação persistente e refletida.

4ª Partida: Em alguns momentos é difícil decidir entre o êxito externo e a tranquilidade interna. Um verdadeiro amigo será capaz de nos conduzir à paz mental.

5ª Partida: Há humildade em rechaçar os opulentos pelos adequados. Qualquer pessoa sábia aceitará a sinceridade em lugar da aparência vistosa e dos ricos presentes.

6ª Inteira: A perfeita beleza interior brilhará sem necessidade do embelezamento exterior. Sua simples perfeição é apreciada sem necessidade de ornamentos.

23
Po

A DESINTEGRAÇÃO

Ken sobre K'un.
Montanha sobre Terra.

剥 - 23 -
Po
A DESINTEGRAÇÃO

A IMAGEM

Uma montanha descansa firmemente sobre a terra, mas essa situação é estável enquanto possua ampla base que lhe permita sustentar o cimo. Nos assuntos do homem, quando os que estão acima crescem demasiado alto e se distanciam do restante da humanidade, a fraqueza na base da sociedade fará com que toda ela se desmorone lentamente. Uma base ampla e generosa é necessária para a sobrevivência.

O Juízo

Gente menos capaz cria multidão e expulsa os melhores. De tempo em tempo, isso é inevitável. O sábio não tenta provocar grandes mudanças, mas trabalha discreta e tranquilamente, submetendo-se à tendência descendente, mas sem sucumbir a ela.

As linhas

A linha da base. Partida: Os mal-intencionados estão trabalhando na destruição daqueles que buscam um bem superior. De momento, não se conseguirá nada tratando de salvá-los, e só se pode aguardar tempos melhores.

2ª Partida: As más influências encontram-se ao nosso redor, e nossa própria posição se vê seriamente ameaçada, sem experiência de ajuda que venha de cima ou de baixo. O único medo de sobreviver é ajustar-se à situação, em lugar de se obstinar em uma causa perdida.

3ª Partida: Se estamos em má companhia, a invisível ajuda de um amigo sábio pode proporcionar a fortaleza interior para evitar cair nos maus hábitos dos que nos rodeiam. Eles o tomarão a mal, mas sua reação é somente a de esperar.

4ª Partida: Lamentavelmente caiu-se em desgraça. Há de se sofrer bastante até que venham melhores tempos.

5ª Partida: Os mal-intencionados alcançaram agora uma posição tão próxima do poder que podem ver os benefícios da ação sábia e estão dispostos a aceitar os bons conselhos. Um bom progresso é agora possível.

6ª Inteira: Quando uma fruta podre finalmente se desintegra, fortes e novas sementes crescem em seu lugar. Assim são destruídas as más influências e desse modo o bem, o único que pode existir por direito próprio, é capaz de alcançar de novo sua posição adequada.

24
Fu

O Retorno

K'un sobre Chen.
Terra sobre Trovão.

A imagem

O trovão está abastecendo forças na terra. Deve permitir-se que a energia e a ação contundente acumulem-se, aos poucos, durante um período difícil que agora está passando. Não se deve empreender uma ação prematura.

O Juízo

A mudança cíclica de tudo quanto existe está agora, inevitavelmente, trazendo consigo um tempo de crescer. Não há necessidade de se precipitar artificialmente por meio da ação drástica. Tudo chegará em seu devido momento. Apenas siga adiante com a tendência presente.

As linhas

A linha da base. Inteira: Não é possível evitar todos os maus pensamentos e ações, mas devem ser rechaçados tão logo surjam em nossa mente. Retornem rapidamente ao caminho correto e tudo irá bem.

2ª Partida: Nunca tenham medo de dar a volta num mau caminho. Admitam o erro e sigam o exemplo de gente boa que os rodeia.

3ª Partida: Algumas pessoas encontram dificuldade em seguir o caminho correto e não se permitem desviar pelo mau caminho. Ainda que tal ação indique a necessidade de fortalecer a resolução pessoal, não é uma recusa definitiva do bem, portanto, há esperança.

4ª Partida: Quando uma pessoa descobre que anda com más companhias, se beneficiará do conselho de um bom amigo. A recompensa por essa ação correta haverá de chegar inevitavelmente.

5ª Partida: Perante um erro, não se lamente, se rejeita previamente tal ação. Não há benefício algum em dispor de escusas triviais.

6ª Partida: Há um momento propício para abandonar o mau caminho. Ao insistir, de modo obstinado, em tal postura, a desgraça deve inevitavelmente sobrevir.

25

Wu Wang

O Inesperado

Ch'ien sobre Chen.
Céu sobre Trovão.

A IMAGEM

A força vital do trovão retumba nos céus e desperta nova vida, que nessa etapa prematura ainda não se corrompeu e atua de acordo com as verdadeiras Leis da Natureza. Há respeito por todas as formas de atividade e pensamento, cada qual encaminhada para seus próprios fins verdadeiros. Inclusive o inesperado pode ocorrer.

O JUÍZO

Comportar-se seguindo os ditados da ação natural e com justiça traz êxito. Seguir o caminho corrupto traz consigo desgraça.

As Linhas

A linha da base. Inteira: As primeiras ações que nosso coração aconselha-nos a empreender podem seguir-se com confiança. Haverá sucesso.

2ª Partida: Deveria se praticar cada tarefa quando e como é devido, sem pensar no benefício futuro. O êxito vem de realizar cada trabalho adequadamente.

3ª Partida: Em todas as questões, às vezes, haverá perdas inesperadas em mãos de outros. Se nos esforçamos por conhecer bem a situação presente, tais desgraças não ocorrerão.

4ª Inteira: O bom não pode se perder, especialmente quando se prodigaliza sobre os demais.

Se permanecermos fiéis à nossa natureza bondosa e não permitirmos que outros nos corrompam, não haverá motivo para preocupação.

5ª Inteira: Quando um mal não merecido recai sobre nós, não há necessidade de empreender uma ação drástica para eliminá-lo. A força do bem prevalecerá em seu devido tempo.

6ª Inteira: Quando o destino está contra nós e ainda não é o momento adequado para a ação, não se pode conseguir nada. Aguarde tranquilamente sem queixas até que chegue o momento apropriado.

26

TA CH'U

A GRANDE FORÇA
DOMESTICADORA

Ken sobre Ch'ien.
Montanha sobre Céu.

A IMAGEM

Os tesouros criativos do céu estão guardados a salvo no interior da montanha. O sábio conhece as palavras e os fatos do passado e os aplica ao presente, de modo que suas ações possam ter mais efeito.

O JUÍZO

O tempo é favorável para levar até o fim arrojados projetos públicos. Os sábios encontram-se em posições de responsabilidade e podem fazer progresso em grandes empresas. A integridade pessoal permitirá que se completem inclusive as tarefas mais difíceis.

As linhas

A linha da base. Inteira: Ainda que uma boa pessoa deseje progredir, não consegue avançar. Todavia, forçar o resultado trará desgraça, assim, é melhor aguardar o momento correto para a ação.

2ª Inteira: As forças restritivas são tão fortes que impedem que a pessoa empreenda alguma ação no momento presente. Acumule tranquilamente seus recursos para êxito futuro.

3ª Inteira: A obstrução foi eliminada e podemos avançar, sob a liderança de um sábio. Há, contudo, perigos, e para continuar é preciso ter os talentos adequados e os olhos abertos, tanto para os problemas inesperados quanto para a meta.

4ª Partida: Uma poderosa força está se desenvolvendo, mas o êxito somente será alcançado facilmente se os passos necessários forem tomados para dirigir essa poderosa influência.

5ª Partida: Se nos precipitamos, há forças perigosas que podem ocasionar danos. Não há que enfrentá-las, mas dirigi-las para melhores fins por meio de trocas internas.

6ª Inteira: O êxito está agora assegurado para os que o merecem. A energia, o esforço podem aplicar-se à resolução de problemas difíceis.

27

I

ATITUDES MODERADAS

Ken sobre Chen.
Montanha sobre Trovão.

A IMAGEM

O trovão ao pé da montanha traz consigo condições favoráveis ao crescimento. O homem sábio mostra moderação em sua comida e em sua bebida, provendo assim uma base saudável para suas palavras e atos que refletem também suas atitudes tranquilas e moderadas.

O JUÍZO

A verdadeira natureza humana mostra-se em sua ação. Uma atitude correta promove êxito. Cultivem as ações corretas a fim de que resulte o bem dos próprios esforços.

AS LINHAS

A linha da base. Inteira: Se olharmos com inveja e ressentimento a situação dos demais, esse olhar nos conduzirá à perda de liberdade e de confiança em nós mesmos.

2ª Partida: É apropriado que os que não são capazes de cuidar de si sejam cuidados por outros. Quando, entretanto, a pessoa capacitada deixa de se ajudar em razão de atitudes errôneas, a não ser que alinhe seus caminhos, haverá desgraça.

3ª Partida: Buscar apenas o prazer pessoal e a incessante satisfação do desejo nunca pode nos conduzir à verdadeira felicidade. Esse caminho equivocado conduz unicamente a uma via circular que jamais avança.

4ª Partida: Não há dano algum em desejar auxiliares adequados que colaborem em projetos edificantes. Tais esforços, por não estarem centrados em uma única pessoa, promovem o verdadeiro desenvolvimento.

5ª Partida: Pode-se descobrir que nosso dever está mais além de nossas capacidades. Ao se admitir isso, não haverá dano algum, pois a ajuda de outros que ocultam sua verdadeira valia trará consigo o êxito. Tenha cuidado, no entanto, de não esquecer essa dependência e não tente o que não pode alcançar.

6ª Inteira: Os que têm grande capacidade, têm também grande responsabilidade. Recorde-se disso com humildade, inclusive as mais difíceis tarefas poderão chegar ao término para o benefício de todos.

28
TA KUO

FÁCIL PROGRESSO

Tui sobre Sun.
Lago sobre Vento.

A IMAGEM

Em tempos excepcionais a água pode elevar-se mais além do seu nível apropriado. Isso representa grande fonte de poder que, não obstante, não pode durar para sempre. Assim, o grande homem exerce influência sobre o mundo, mas não se lamenta quando o zênite passa.

O JUÍZO

O grande e maravilhoso existe claramente. Tal situação não pode persistir eternamente, e o sábio empreende suave ação para preparar as mudanças que chegarão. Não se requer força, simplesmente preparação apropriada.

As Linhas

A linha da base. Partida: Ao empreender uma tarefa diferente, é essencial se preparar cuidadosamente para ela. Se os começos são bem fundamentados, não haverá lamentação posterior.

2ª Inteira: Em circunstâncias excepcionais, o inesperado torna-se verossímil. O vigor e a nova vida são abundantes; pequenos recomeços trazem o êxito.

3ª Inteira: Quando tudo vai bem, é fácil desprezar o conselho sensato dos demais e tornar-se encarregado de muitas coisas. Sem ajuda, a carga chegará a ser demasiado grande e a empresa entrará em colapso.

4ª Inteira: Com a ajuda dos que estão abaixo dele, um homem sábio pode superar os problemas e todos se beneficiarão. Contudo, se o bom conselho é utilizado para fins pessoais, o resultado não será positivo.

5ª Inteira: Quando em uma pessoa ou situação já não resta verdadeira força interior, não é possível alcançar grandes resultados. Aferrar-se ao velho e conhecido, tratando de extrair dele os últimos vestígios de atividade, apenas acelera seu declive.

6ª Partida: Em tempos difíceis e perigosos é aconselhável arriscar tudo para fazer o certo. Se na tentativa se perde tudo, não há do que se culpar. A causa foi justa e a ação necessária vai assegurar que o bem prevaleça no final.

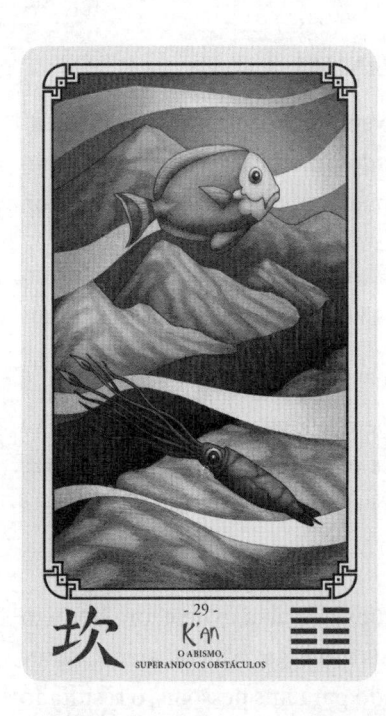

29

K'an

O ABISMO SUPERANDO
OS OBSTÁCULOS

K'an sobre K'an.
Água sobre água.

A IMAGEM

A água sempre flui até sua meta final, trazendo vida a tudo o que toca. Do mesmo modo, uma pessoa superior prossegue firmemente em seus deveres, fomentando o bem em tudo quanto a rodeia. Os perigos e as dificuldades não a desviam de sua tarefa.

O JUÍZO

Em que pese ao imenso que possa ser um salto ou o perigo do seu caminho, a água nunca muda sua natureza essencial. Nos assuntos do homem, a apreciação sincera e verdadeira de um problema permite adotar a resposta correta de um modo natural. A dificuldade e o perigo podem ser obstáculos para o débil de ânimo; os de verdadeira valia não se verão desviados do seu propósito e passarão através daqueles, sem dano algum.

As linhas

A linha da base. Partida: Viver com o perigo e o mal pode facilmente conduzir ao desprezo da virtuosidade. Tais equívocos trarão inevitavelmente a desventura.

2ª Inteira: Em situação de risco não é possível obter êxito geral imediato. A situação deve ser cuidadosamente considerada, e os pequenos ganhos aceitos. Estejam contentes de se sentirem abatidos.

3ª Partida: Perante uma situação difícil, em que não haja caminho seguro para frente ou para trás, é essencial permanecer em calma e aceitar os problemas. Finalmente, aparecerá um meio de resolver a questão.

4ª Partida: Diante a perigos ao nosso redor, devemos abandonar todas as nossas pretensões e nos concentrar nos atos simples e sinceros de ajuda mútua. Comecem pelo pequeno ponto da clareza e da verdade, deixando que a influência se estenda a partir dele, de modo natural.

5ª Inteira: Quando as circunstâncias são desfavoráveis, não é possível conseguir grandes logros. O sábio, por sua vez, segue a linha de menor resistência, o que lhe permitirá finalmente alcançar seu verdadeiro objetivo.

6ª Partida: Quando uma pessoa perde completamente o respeito pelo correto e enreda-se no mal, é incapaz de escapar dos grandes perigos que a rodeiam. Nesse caso, a desdita está, então, assegurada.

30

离
AS LUMINÁRIAS

Li sobre Li.
Fogo sobre Fogo.

A IMAGEM

O sol derrama sua luz e ilumina a totalidade do mundo natural. A luz adere-se aos objetos e os torna brilhantes. Do mesmo modo, as pessoas grandes iluminam a todos que as rodeiam, penetrando até a verdadeira natureza do homem.

O JUÍZO

Aqueles que irradiam sabedoria e verdade só podem continuar fazendo isso se sua fortaleza interior baseia-se no correto. Ao observar as Leis da Natureza e comportar-se conforme suas diretrizes, o homem encontra seu verdadeiro lugar no mundo. Nenhuma pessoa está livre de tais influências em sua vida, e o êxito somente é possível quando as ações estão de acordo com elas.

As linhas

A linha da base. Inteira: No início do dia todo tipo de árduos deveres acumulam-se. É importante considerar cuidadosamente o começo e manter a compostura apropriada de modo que o que segue seja ordenado e com êxito.

2ª Partida: Se nos atemos ao verdadeiro objetivo, o êxito está assegurado. A boa vontade se manifestará.

3ª Inteira: A pessoa superior não se lamenta de que a vida passe. Não estraga a experiência desperdiçando-a na busca ociosa do prazer, nem se lamentando da sua brevidade. Assegura-se de que o logrado seguiu o verdadeiro caminho da eternidade.

4ª Inteira: O fogo brilhante adere-se à madeira, a consome em seu processo e não deixa nada de valor. Assim, um homem brilhante, mas sem restrição pode brilhar rapidamente mãs apagar-se de pronto.

5ª Partida: Ao se alcançar os cimos da vida, é tempo de descartar as vãs esperanças e os temores sobre o futuro. É o momento de colher os ensinamentos do passado e de evitar o esgotamento prematuro.

6ª Inteira: Ao se superar o mal, deve-se arrancá-lo pela raiz e destruí-lo em seu centro, mas não há por que destruir aqueles que meramente se desvirtuaram. Do mesmo modo, é melhor não controlar excessivamente às nossas próprias faltas inofensivas e tratar as sérias.

31

HSIEN

A ATRAÇÃO. A INFLUÊNCIA

Tui sobre Ken.
Lago sobre Montanha.

A IMAGEM

Em vez de se elevar friamente para o alto, uma montanha tem um lago próximo do seu cume, que proporciona umidade às suas encostas e um lugar para os seres humanos banharem-se. Sempre há gente disposta a dar um bom conselho a uma pessoa humilde e receptiva. As influências mútuas entre as pessoas são benéficas, como são, por exemplo, entre um homem e uma mulher.

O JUÍZO

O êxito depende do equilíbrio entre influências complementares. Na relação entre homem e mulher, um não deve dominar o outro, pois os excessos não trazem felicidade. Do mesmo modo, a pessoa superior pode influenciar a inferior e vice-versa.

As linhas

A linha da base. Partida: Uma ideia que só existe na mente de uma pessoa não tem influência até que se expresse. A partir de então, pode conduzir ao bem ou ao mal.

2ª Partida: Se uma ideia ou ação ainda não está pronta para ser executada, porque está incompleta, assegure-se dela ou causará danos a si mesmo.

3ª Inteira: É essencial restringir as próprias ações. Não há mérito algum em levar de fato nossos próprios caprichos ou o dos outros. Nos assuntos em que rege mais o coração do que a mente, resulta imprescindível compreender a possibilidade de limitar a ação em alguns momentos, permitindo aos demais uma verdadeira liberdade.

4ª Inteira: Quando se acham envolvidas fortes emoções sentidas pelo coração, é necessário fazê-las retroceder por meio de um caráter firme que não busque meramente influenciar, para seu próprio proveito, aqueles que o rodeiam. A incitação, às vezes, limita liberdade de outros e, finalmente, conduz ao esgotamento pessoal.

5ª Inteira: A capacidade de influenciar verdadeiramente outros surge inconscientemente dentro de nós. A firmeza na hora de controlar nossas próprias ações influi na ação dos demais.

6ª Partida: A mera conversa, se nela puser o coração, só pode produzir resultados superficiais. Os demais não se verão afetados profundamente por ela.

32

Heng

A CONSTÂNCIA

Chen sobre Sun.
Trovão sobre vento.

- 32 -
Heng
A CONSTÂNCIA

A IMAGEM

O suave sopro do vento e o som do trovão são aparentemente insubstanciais, mas pela constância da sua interdependência e pela certeza do seu retorno são influências duradouras. Assim também, a pessoa superior é flexível à mudança dos tempos, mas possui uma direção interna que não vacila perante o momento.

O JUÍZO

Em tudo o que chega e permanece há um movimento incessante. Os finais são novos começos; os ciclos dos fenômenos naturais, um eterno progresso. Os sábios não ficam estagnados, mas se renovam em cada parada.

As linhas

A linha da base, Partida: Os feitos fáceis e as recompensas rápidas não perduram. O verdadeiro êxito requer cuidadosa meditação e preparação.

2ª Inteira: Quando a determinação supera os recursos exteriores, é essencial conter-se. Não haverá, pois, ocasião de se preocupar com uma ação excessiva.

3ª Inteira: Os sábios seguem sua força interior para prevalecer sobre os problemas externos. Permitir que as forças exteriores fiquem conforme nossas ações é fazer um convite ao infortúnio. Os problemas inesperados não se podem impedir pelo temor que ocorram.

4ª Inteira: Se havemos de conseguir o êxito, devemos atuar de modo correto. Não é suficiente somente com o esforço; este deve se dirigir a um objetivo apropriado.

5ª Partida: Os que assumem responsabilidade e um rol ativo nos assuntos do mundo devem permanecer adaptáveis e flexíveis às suas justas demandas. Os que têm menos aspirações podem seguir uma rota menos difícil.

6ª Partida: A atividade incessante, que nunca deixa se assentar nada, é uma perigosa tendência para os que ostentam a autoridade. Há tempos em que os assuntos devem se consolidar.

33
Tun

A RETIRADA.
CONSERVAR OS RECURSOS

Ch'ien sobre Ken.
Céu sobre montanha.

A IMAGEM.

Conforme as montanhas elevam-se para o céu, os céus retiram-se ante elas. A pessoa superior não odeia os que são menos dignos. Sua coragem não pode ser assaltada pelos que não chegam à altura de seus ideais.

O JUÍZO.

Num momento em que se começam a sentir irresistíveis influências adversas, é essencial adotar um plano apropriado para que se controle a retirada. Isso não é debilidade, pois conservamos nossas forças em lugar de gastá-las em uma luta sem esperança. Assim se prepara o caminho para um futuro avanço.

AS LINHAS

A linha da base. Partida: Se não se empreende uma ação ordenada para escapar de momentos difíccis, é preferível se mater quieto do que adotar medidas próprias do pánico.

2ª Partida: Em momentos difíceis, aqueles que podem se ater firmemente ao correto e se mantêm com sábias companhias sobreviverão aos problemas.

3ª Inteira: Quando as pessoas inferiores se opõem a uma linha razoável de ação e impedem um escape das dificuldades, seria sensato permitir-lhes cair sob a própria influência. Isso não permitirá conseguir grandes logros, mas evitará que caíam sob más influências.

4ª Inteira: O sábio, ao se afastar das más companhias não perde nada. São as más companhias que perdem por falta de sabedoria.

5ª Inteira: O sábio conhece o momento exato de se retirar. Faz de modo amigável, porém firme em suas convicções; não se ganhará nada discutindo questões triviais.

6ª Inteira: Quando os elos de uma situação difícil são rompidos, o curso correto da ação torna-se explícito. A fortaleza interior guia diretamente para o bem.

34

TA CHUANG

O PODER

Chen sobre Ch'ien.
Trovão sobre o Céu.

A IMAGEM.

O lugar apropriado para o poder do trono acha-se no céu. Então, tudo é como deveria ser. Do mesmo modo, a pessoa superior acha-se sempre em total harmonia com o que é correto e suas ações têm efeitos positivos.

O JUÍZO

Quando existe um grande poder, é muito fácil degenerar na mera força pessoal, atuando sem a consideração apropriada para as circunstâncias. Somente o poder aplicado a uma causa justa poderá trazer o êxito.

AS LINHAS

A linha da base. Inteira: Quando os que se acham em posições inferiores têm grande poder, são tentados a utilizar a força bruta para fazer avançar sua posição. Tal postura, certamente, trará infortúnios.

2ª Inteira: Quando a boa fortuna começa a aparecer, é fácil avançar demasiado rápido. Uma cuidadosa consideração e preparação são, todavia, necessárias.

3ª Inteira: Uma pessoa não sábia, quando tem poder, busca conseguir tudo mediante seu uso e isso não é possível. Uma pessoa sábia apenas utiliza a força quando é correto e não se vangloria de sua superioridade.

4ª Inteira: As grandes resistências podem ser superadas pela lenta e metódica aplicação do que é certo. Pode não haver uma exibição externa de força, pois se encontra toda concentrada interiormente para lograr o êxito.

5ª Partida: Quando tudo pode ser obtido facilmente, não há necessidade de utilizar a força. Não há por que se lamentar de atuar amavelmente.

6ª Partida: Em certos momentos é impossível avançar; fazê-lo somente cria mais dificuldades. O sábio aprecia esse fato e mudando de curso é capaz de ter êxito finalmente.

35

CHIN

O PROGRESSO

Li sobre K'un.
Fogo sobre Terra.

A IMAGEM.

Conforme sai o sol, sua luz torna-e cada vez mais brilhante. A virtude de uma pessoa superior torna-se mais forte conforme se supera as influências corruptas da mera vida terrena.

O JUÍZO

O sábio é capaz de influenciar seus semelhantes e de dirigir seus esforços para ações de êxito. Não faz isso por sua própria glória, mas para a consecução de metas, todavia, de mais relevância. Assim, os que se encontram em posições superiores de autoridade não se sentem zelosos de seus logros e são capazes de trabalhar todos juntos em harmonia.

As linhas

A linha da base. Partida: Quando se age por impulsividade, pode não estar claro quais linhas de ação trarão o êxito. Em tal situação se deveria continuar tranquilamente com o que é correto, não tratando de forçar o apoio de outros, nem se encolerizando quando o recusam. Então, não haverá ocasião para a lamentação.

2ª Partida: Às vezes, resulta impossível contatar uma pessoa superior que possa nos ajudar. Isso é lamentável e poderia trazer desalento ao nosso esforço. Contudo, a recompensa justa chegará e se verá que todo mundo atuou de modo adequado.

3ª Partida: A assistência dos demais pode ser essencial para o progresso, mas não motivo de queixa pelas nossas capacidades limitadas.

4ª Inteira: Sempre é possível ocorrer que aqueles que ocupam posições chave obtenham, para si, benefícios pessoais. É claro que isso não é justo, e tais defeitos de caráter serão finalmente expostos.

5ª Partida: Em tempos de progresso alguém que se encontra em posição de influência pode pensar que deveria tirar proveito pessoal da situação, em lugar de se ater firmemente ao correto. Tais lamentações sobre perdas ou ganhos não são importantes e jamais passariam pela mente do sábio. Quem sucumbe a elas terá remorso.

6ª Inteira: Há momentos em que as ações agressivas são imprescindíveis para corrigir os erros dos que nos rodeiam. Tais ações têm seus perigos, e abusar delas conduzirá ao infortúnio.

36
Ming I

- 36 -
Ming I
O OBSCURECIMENTO DA LUZ

O OBSCURECIMENTO DA LUZ

K'un sobe Li.
Terra sobre Fogo.

A IMAGEM

A luz do sol desvanece-se sobre a terra, e a escuridão é a rainha suprema. Em tais momentos, quando as más influências guiam a Terra, o homem sábio também oculta sua luz. Não a extingue, mas há de consentir que tenham lugar muitos infortúnios e insatisfações. Tratar de expor o mal trará desgraças, então, devemos seguir sendo autênticos.

O JUÍZO

Em circunstâncias difíceis uma pessoa superior deve, exteriormente, ceder, mas interiormente deve se apegar com firmeza a seus princípios. Somente com perseverança alcançará o êxito final, superando as grandes adversidades.

As linhas

A linha da base. Inteira: Em tempos difíceis, um homem bom pode se elevar acima dos problemas, contudo, encontra mais hostilidade. A fim de permanecer fiel a seus princípios, terá de sofrer enormemente e será olvidado pelos que o rodeiam. Seu objetivo fixo, entretanto, o sustentará.

2ª Partida: Em tempos de dificuldade, os bons podem sofrer danos pessoais, mas se continuarem trabalhando pelo benefício de outros terão êxito.

3ª Inteira: A vitória sobre as más influências consegue-se, aparentemente, por casualidade. O êxito está assegurado, todavia, a ação não se deve empreender de modo acelerado. Tarda-se a chegar a hora de corrigir os problemas que duraram muito tempo.

4ª Partida: A familiaridade com pessoas inferiores, que ocupam posições de grande poder, pode revelar que não há esperança de mudá-las para melhor. Em tais casos, não há alternativa ao não ser se separar delas antes que cheguem as adversidades.

5ª Partida: Quando escapar ao mal exterior é impossível, a pessoa superior deve apegar-se em inquebrantável fé para sobreviver às inevitáveis provações e ser extremamente cauta em todas as suas ações.

6ª Partida: No cimo da sua influência, quando todo bem aparentemente se superou, as forças do mal consomem-se e sua influência mingua.

37

CHIA JEN

A FAMÍLIA

Sun sobre Li.
Vento sobre Fogo.

A IMAGEM

A energia procedente do calor do fogo anima o vento. Tais forças surgem do interior e são mantidas pela constante administração de combustível. Nas relações estreitas, como as que se dão entre os membros de uma família, a comunicação somente alcança o êxito quando se correspondem palavras e fatos. O poder de influenciar outros baseia-se em firme constância, surgida da fé no correto.

O JUÍZO

No grupo familiar ou em outras relações próximas, é o comportamento reto de uma pessoa com outra, embasado em obrigações e lealdades, o que traz êxito à associação. Quando se estendem mais além do pequeno grupo, tais atitudes promovem o sucesso nas atividades sociais e nos negócios.

As linhas

A linha da base. Inteira: As relações devem ser fundamentadas em firme aplicação das regras de conduta apropriada. Em todas as questões é necessário reprimir o comportamento insatisfatório; de outro modo, as transgressões tornam-se maiores. Leve tudo a um controle favorável quanto antes possível.

2ª Partida: Todo mundo tem deveres para com os outros que deveria cumprir, esgotando ao máximo as suas capacidades. Não é adequado dar-se às tarefas dos demais pela força e descuidar do nosso próprio envolvimento na vida. Inclusive o ato mais doméstico é uma pedra angular para a vida familiar e social.

3ª Inteira: Nas relações há de se fazer um balanço apropriado entre a rigidez e a lassidão. Deve haver campo para a liberdade de ação, mas seus limites devem estar claramente definidos. A situação em que tudo é aceitável leva à desordem e à infelicidade, tanto dentro quanto fora da família.

4ª Partida: A boa fortuna depende da atenção voltada aos deveres. A estabilidade de uma família, de um negócio ou de um governo depende de boa base familiar.

5ª Inteira: A influência de uma pessoa, em quem se pode confiar, é relevante, pois dirigirá os demais até as ações corretas.

6ª Inteira: A capacidade de aceitar responsabilidades e criar ordem depende do caráter pessoal. Se a verdade interior brilha, o êxito será alcançado finalmente.

38
K'UEI

O ANTAGONISMO

Li sobe Tui.
Fogo sobre lago.

A IMAGEM

Ainda que o fogo possa arder sobre as águas de um lago, ambos elementos nunca se mesclam. Uma pessoa boa retém sua integridade em meio às más. A beleza não se altera pela presença da fealdade, os opostos não se perdem pela sua coexistência.

O JUÍZO

Quando a oposição e a falta de comunicação impedem o progresso, devemos avançar de forma gradual, sem enfrentar a dificuldade. Em si mesmas, as diferenças de opinião e de posição não são negativas, pois é pela consideração e resolução apropriadas que se chega a um. A união dos opostos, tal qual a de um homem e uma mulher, traz grandes vantagens.

AS LINHAS

*A linha da base. Inteira:*Quando há oposição, não cabem tentativas, pela força, para criar harmonia. Em relação à vida particular, companheiros íntimos voltarão pela própria iniciativa. Ao se tratar de um mal exterior, será superado, desde que que nós não sigamos o mau exemplo.

2ª Inteira: Quando se produz uma luta aberta entre grupos que creem no mesmo, o progresso para a harmonia pode se obter por contatos informais.

3ª Partida: Às vezes, temos a impressão de que o progresso não irá se concretizar, uma vez que há contradição de todas as boas ideias. Contudo, não há razão para se desviar do objetivo, mas se aferrar a ele com mais força, ainda mais quando sabemos que é o correto. No final, o sábio se encontrará entre os da sua própria classe.

4ª Inteira: Quando alguém se acha entre os que não seguem o mesmo caminho, é inevitável que se sinta isolado. Encontrar uma pessoa digna de confiança, com pontos de vista similares, elimina o perigo de isolamento e permite o progresso.

5ª Partida: Quando não conhecemos bem os que nos rodeiam, uma pessoa de mente afim pode não ser reconhecida à primeira vista. Ao nos depararmos com seu verdadeiro motivo, devemos nos aproximar e trabalhar junto.

6ª Inteira: Às vezes, são nossos próprios sentimentos que tergiversam os motivos de outros. Talvez nos tenhamos preparado para uma ação defensiva não necessária. Se reconhecermos tal falta pessoal e a superarmos, será possível que resulte um bem.

39
CHIEN

O OBSTÁCULO

K'an sobre Ken.
Água sobre Montanha.

A IMAGEM

Quando há águas perigosas ante nós e atrás, escarpadas montanhas, significa que estamos rodeados de obstáculos. Uma pessoa inferior responsabiliza os demais pelos seus problemas. Entretanto, a pessoa superior busca em seu próprio coração os erros e, refletindo sobre eles, fortalece seu caráter.

O JUÍZO

Quando certa obstrução impede o progresso, o sábio detém-se e une-se à companhia dos demais, assumindo seus bons conselhos. A resolução interior, entretanto, mantém-se e a nova atitude traz o êxito.

AS LINHAS

A linha da base. Partida: Diante de grave obstrução ao progresso, é ignorância se precipitar e tentar continuar de forma irrefletida. Deve-se considerar a situação e conservar energias para o êxito da ação no momento adequado.

2ª Partida: Às vezes, sucede que nosso dever para com os demais nos conduza a situações difíceis. Ainda que outras ações pudessem nos resultar mais fáceis, não há culpabilidade alguma nesse caso por haver se encarregado de tarefas complicadas.

3ª Inteira: Quando se enfrentam grandes dificuldades que seria aventurado abordá-las, o sábio deve ter presente aqueles que dependem dele. Seria irresponsável deixá-los sem defesa e cuidados. Trará felicidade deixar a marcha para trás.

4ª Partida: Alguns obstáculos não podem ser superados solitariamente, pois trarão o fracasso. É sensato tomar mais tempo e reunir colaboradores capacitados, de modo que o êxito esteja assegurado.

5ª Inteira: Em tempos difíceis pode-se requerer a uma pessoa para que aborde perigosos problemas. Tem-se a força de caráter necessária para acometer a tarefa, será capaz de chamar voluntários que lhe assistirão na superação dos obstáculos.

6ª Partida: Diante de certa dificuldade, às vezes, a pessoa sábia que poderia resolvê-la já se adiantou. Talvez assegure que não é seu problema, mas um grande homem nunca pode fazer isso. Seu dever exige-lhe ajudar e sua capacidade permite-lhe levar o êxito aos demais. Em tempos de crise, deve-se buscar ajuda.

40

HSIEH

A LIBERAÇÃO

Chen sobre K'an.
Trovão sobre água.

A IMAGEM

Para seguir adiante é preciso apartar os obstáculos do caminho. O sábio atua também assim, quando se desvencilha das dificuldades criadas pelos homens. Perante o êxito, não há necessidade de ressaltar os erros cometidos, sejam eles acidentais ou intencionais.

O JUÍZO

Perante a superação de um problema, é sensato volver à normalidade o quanto antes, em vez de prosseguir com as ações de força que levaram ao êxito. Qualquer outra dificuldade que fique deve ser resolvida rapidamente, de modo que o recomeço seja novo e limpo e próspero.

AS LINHAS

A linha da base. Partida: Após a superação de um problema, não há mais razão para palavras e ações, mas momentos de tranquila recuperação.

2ª Inteira: Diante de falsos amigos, que se acham em postos de poder, e que buscam nos desviar do caminho verdadeiro, devemos eliminá-los com toda nossa força. A perseverança contra o mal traz recompensa.

3ª Partida: Aqueles que adquiriram recentemente riqueza ou posição elevada, frequentemente não sabem como conduzir-se sob tal circunstância. Vangloriam-se de seu poder e fazem, desse modo, um convite ao infortúnio, tanto proveniente dos que estão por cima quanto dos que estão abaixo.

4ª Inteira: Nos tempos em que se requer pouco pensamento ou ação, até uma pessoa superior pode ver-se rodeada por gente inferior que a apoia. Não obstante, o sábio, na hora de superar dificuldades, libera-se de tais conhecidos e busca a companhia de indivíduos de mentalidade verdadeiramente afim, de modo que possam juntos conseguir o êxito.

5ª Partida: Por sua força interior. A pessoa superior é capaz de se desfazer das más influências. Quando o faz, aqueles que não são dignos da sua companhia, por não apresentarem afinidade com ela, afastam-se. Isso ocorre inclusive quando demais métodos de se desfazer delas tenham fracassado.

6ª Partida: Em alguns casos, pessoas inferiores em posições de poder não veem o erro em seus caminhos. Sob tais circunstâncias, o sábio deve se preparar para a tarefa e atuar para se liberar do mal.

41

Sun

Deficiência

Ken sobre Tui.
Montanha sobre Lago.

A imagem

Quando um lago se evapora, suas águas podem enriquecer a montanha em lugar de se precipitar pelos campos quando o lago se desborda. De modo similar, é imprescindível que o indivíduo controle seus instintos e desenvolva o seu ser interior, a fim de conquistar personalidade equilibrada.

O Juízo

Existem momentos em que não há recursos disponíveis para os grandes atos e os grandes projetos. Não há infortúnio algum em se comportar de modo simples, pois a riqueza interior se expressará de todos os modos em sua verdadeira forma.

As linhas

A linha da base. Inteira: Uma vez que nossos próprios deveres foram cumpridos, seria recomendável ajudar os demais de modo altruísta. O sábio, por sua vez, procura não receber ajuda excessiva, pois isso diminuiria a relação. Tanto o que oferece sua ajuda, quanto o que a recebe, devem ser sensíveis à situação.

2ª Inteira: Para ajudar verdadeiramente os demais é necessário conservar nossa liberdade de ação e autoestima. Escravizar-se por outro sem meditar nos ocasiona danos e não traz benefício duradouro aos demais.

3ª Partida: Uma pessoa solitária encontrará facilmente um companheiro ao empreender algo. Entre duas pessoas pode haver relações estreitas, mas entre três sempre surgirão problemas.

4ª Partida: Nossas faltas pessoais podem ver-se agravadas pelas circunstâncias externas. Ao se fazer um tentativa sincera para superá-las, os demais perceberão o esforço e tal iniciativa ampliará a amizade. Caso contrário, eles se sentirão desalentados, desmotivados.

5ª Partida: Algumas pessoas nascem afortunadas e isso está muito claro para os demais. A boa fortuna acompanhará tudo o que façam.

6ª Inteira: Há pessoas cujo êxito traz aos demais benefícios, não perdas. Mediante esforço contínuo essas pessoas conseguem grandes lucros e sempre encontram colaboradores voluntários. Atuar de tal modo traz vantagem a todos.

42
I Chi

O Incremento

Sun sobre Chen.
Vento sobre Trovão.

A imagem

Vento e trovão reforçam-se mutuamente. Toda pessoa tem a capacidade de progredir. Se vê o bem nos demais, pode imitar suas ações. Se vê o mal, pode eliminá-lo. Assim, pode fortalecer-se o caráter.

O Juízo

Os que se acham em posições de poder fazem sacrifícios para o benefício dos que se acham por baixo. Desse modo, deve-se ter fé nos líderes e estar disposto a cooperar com eles para conseguir sucesso. Os tempos para o êxito da ação, normalmente, não duram muito, e há de fazer uso deles enquanto existem.

As linhas

A linha da base. Inteira: Quando uma pessoa recebe ajuda inesperada, deve utilizá-la para obter algo que de outro modo seria impossível. Ao avançar desse modo altruísta, pode obter grande fortuna.

2ª Partida: O verdadeiro progresso de uma pessoa só pode ser conseguido desenvolvendo-se o desejo interior pelo correto. Quando isso se dá, os objetos desejados são atraídos por si mesmos, e não há obstáculo que os impeça. A boa fortuna não deve ser uma desculpa para esquecer nossos princípios, uma vez que deve ser empregada de modo apropriado.

3ª Partida: Em tempos de grandes consecuções e êxito é possível converter em vantagens inclusive as dificuldades e os fracassos. Atuando-se de modo adequado, desenvolve-se uma força interna, todavia, maior e se influencia positivamente, como se fosse por ordem das leis.

4ª Partida: É bom para todos que haja pessoas que não sejam egoístas, mas sim, justas, que atuem como intermediárias entre os líderes e a massa que as segue. Desse modo, as boas influências estendem-se tanto para cima quanto para baixo, para benefício de todos. Isso é especialmente importante quando diante de grandes tarefas.

5ª Inteira: Uma pessoa de coração verdadeiramente nobre não necessita proclamá-lo. Seus feitos falarão claramente por ele.

6ª Inteira: É dever de um líder ajudar os que o seguem. Se não o fizer, seus seguidores não o apoiarão, quando se lhes exija algo. Em troca, seus inimigos se aproximarão, pois o grupo perdeu a harmonia.

43

KUAI

A DECISÃO

Tui sobre Ch'ien.
Lago sobre Céu.

A IMAGEM

Quando se eleva um lago acima das suas margens ou a água evapora-se aos céus, há de se esperar a subsequente liberação dessa água, mediante a chuva. Para resolver a situação, talvez tenha de deixar para trás velhas amizades. Deverá comprometer-se com a meta que fixou para si e não permitir que nada se interrompa em seu caminho. Talvez tenha chegado o momento de ser menos otimista e pouco mais realista. As coisas nem sempre são como se desejaria, pois há outras leis no universo que também pedem cumprimento.

O JUÍZO

Uma pessoa má pode lesar os esforços de muita gente boa e um pensamento negativo, os benefícios de muitos pensamentos positivos. Para vencer o mal há de ser resoluto em sua condenação, mas não adotar a confrontação direta utilizando as armas do mal. Promova, em troca, todo o bem, tanto dentro quanto fora. Se não achar ódio sobre o que florescer, o mal fenecerá.

AS LINHAS

A linhada base. Inteira: Quando estamos a ponto de empreender uma tarefa difícil, é importante primeiramente fazer provisão de nossa própria determinação. Se avançamos além de nossos limites, cabe aguardar pronta derrota.

2ª Inteira: O sábio é sempre consciente do perigo e das influências danosas que o rodeia. Não os teme, pois está sempre amparado por sua força interior. Deve-se respeitar e seguir tal líder resoluto, mas, sensatamente cauto.

3ª Inteira: Quando todos se queixam da injustiça, é muito difícil não se unir a eles. Pode servir-se à causa da justiça, todavia, mantendo algum contato com pessoas ingênuas, contanto que não lhes permitamos contaminar nosso ser interno. Tais ações serão mal entendidas, contudo, uma pessoa com verdadeira força de caráter pode suportar tais problemas.

4ª Inteira: Muitas pessoas desejam obter grande sucesso, mas encontra seu caminho continuamente bloqueado. Quanto mais se esforçam, mais difíceis se tornam as coisas. Tais pessoas recusam a aceitar o único conselho sensato: deixar os conflitos e permitir que os acontecimentos tomem seu verdadeiro curso.

5ª Inteira: Como todo jardineiro sabe, vencer as más ervas requer uma luta constante. De modo similar, uma boa pessoa em posição inferior terá uma luta constante com gente inferior que alcançou posições de autoridade. Devemos permanecer resolutos frente a tais problemas, retendo assim a força interna de caráter.

6ª Partida: O mal, tanto o que está dentro de nós quanto o que está nos demais, é muito difícil de ser erradicado. Inclusive quando parece ter-se alcançado o êxito completo, deve-se permanecer em guarda pelos remanescentes do mal, por diminutos que sejam, que poderão se desenvolver novamente. Preste muita atenção aos detalhes.

44

KOU

O CONTATO

Chi'en sobre Sun.
Céu sobre vento.

A IMAGEM

O vento sopra abaixo dos céus, estendendo-se em todas as direções. Do mesmo modo, um líder influi em todos os que o rodeiam por meio de suas ordens, pondo em ação até pessoas que desconhece.

O JUÍZO

Para que o êxito seja efetivo é importante que se reúnam pessoas que o complementem. Isso, não obstante, deve ser feito de forma correta, pois seria uma desgraça que alguém bom debilitasse seus princípios para encontrar-se com uma pessoa inferior.

As Linhas

A linha da base. Partida: Diante de um erro, devemos extirpá-lo, "cortar o mal pela raíz", pois ao menor descuido, crescerá novamente e causará problemas.

2ª Inteira: As más influências deveriam se manter sob suave controle não repressivo. Deve-se ter muito cuidado para que não contaminar os demais, o que permitiria ao mal aumentar sua força. Se há cuidado, não ocorrerá dano.

3ª Inteira: Sempre existe a tentação de se adotar maus hábitos, mas afortunados somos, se as circunstâncias a impedem. Isso pode dificultar que atuemos do modo correto, mas se pudermos detectar os perigos, evitaremos dessabores.

4ª Inteira: Vale a pena cultivar a amizade de pessoas que não parecem, inicialmente, ter muita importância no momento presente. Posteriormente, poderemos necessitar de sua ajuda, e seria responsabilidade nossa uma recusa por parte delas.

5ª Inteira: Um líder sábio é capaz de se apoiar em sua própria integridade de caráter para influenciar outros que se achem em posições inferiores. Não é necessário fazer-lhes pomposas exibições de poder, nem se queixar continuamente de suas ações. Eles responderão à sua liberdade e mostrarão o respeito à sua integridade, seguindo suas diretrizes.

6ª Inteira: Quando uma pessoa estiver afastada dos assuntos cotidianos dos demais, achará desagradável dar-lhes atenção e os rejeitará como se não fosse sua preocupação. Isso pode aborrecê-los, mas não tem importância, pois o contato com ela já se tornou irrelevante; sempre que sua atitude não o transtorne, não haverá qualquer dano.

45

丅S'UI

A REUNIÃO

Tui sobre K'un.
Lago sobre terra.

A IMAGEM

Um lago reúne as águas e as mantém sobre a terra. Em tal situação, sempre existe o perigo de que as águas transbordem e ocasionem prejuízos. Quando pessoas de posses se acham reunidas, corre-se o risco de que se produza desacordo mútuo, assim como perdas por roubo. O sábio prepara-se para todas as possibilidades e evita a desgraça ao ser capaz de atuar rapidamente.

O JUÍZO

Em qualquer agrupamento há necessidade de um líder, seja no núcleo familiar, nos assuntos de negócios ou estatais em que haja a fé comum, capaz de unir os esforços de todos, juntamente a um líder. Um grande êxito só é possível graças à ação conjunta.

As linhas

A linha da base. Partida: Sempre que há um grupo de pessoas há ideias divergentes quanto à decisão da ação correta para determinada questão. Nesses casos, quando a necessidade de liderança torna-se clara, o líder sábio surge para guiar o grupo. Ao seguir seu conselho, tudo irá bem.

2ª Partida: Perante a possibilidade de reunião de certas pessoas, é importante não se unir a elas sem antes refletir. O coração dará forte conselho sobre a decisão. Dessa maneira, não há temor de se unir a um grupo equivocado, sem necessidade de fazer preparativos elaborados para isso. Inclusive, a menor oferta de ajuda será apreciada, se fizermos ao grupo ao que, por espírito, pertencemos verdadeiramente.

3ª Partida: Um recém-chegado pode achar difícil unir-se a um grupo já existente e se sentirá ofendido ao não ser aceito com facilidade. Se isso nos sucede, devemos colaborar estreitamente com alguém já bem estabelecido no grupo. A aceitação geral virá posteriormente.

4ª Inteira: Uma pessoa sábia, que trabalha pelo bem de outros, será capaz de unir colaboradores ao seu redor, de modo que seus esforços se vejam coroados de êxito. Dado que suas ações não são egoístas, haverá boa sorte.

5ª Inteira: Uma pessoa em posição de autoridade reunirá de modo natural outros ao se redor. Será capaz de utilizar sua influência para promover bons projetos, mas deverá ter muito cuidado para não pôr ao seu lado aqueles que não se acham plenamente dedicados aos seus ideais. Somente a força de caráter e o bom exemplo poderão conseguir tal feito.

6ª Partida: Se deseja a cooperação, mas não aceita a nossa ajuda, é lógico que nos sintamos tristes. Diante das consequências, outros podem, então, ver-se movidos a adotar uma atitude de colaboração frutífera.

46

Sheng

A Subida

K'un sobre Sun.
Terra sobre Vento. Madeira.

A imagem

As árvores crescem do chão, abrindo caminho de modo implacável, mas sem pressa, rodeando todos os obstáculos conforme se elevam. De modo similar, o indivíduo progride com resolução, passo a passo, ao longo do caminho correto, para conseguir seu êxito final.

O juízo

O momento é favorável para ver gente de autoridade e para avançar ativamente em nossos projetos. Isso, por sua vez, não deve ser feito de forma agressiva, mas com trabalho árduo e modesto, adaptando-se à situação conforme seja necessário. A boa sorte está assegurada.

As linhas

A linha da base. Partida: A força de caráter e o trabalho pesado são necessários para obter êxito. Com frequência, são simples e humildes começos. Diante do reconhecimento dos superiores pelo esforço e confiança o êxito chegará.

2ª Inteira: Uma pessoa com muita firmeza de caráter pode não se ajustar facilmente à sua posição na vida e não atuará de acordo com que os outros esperam dela. Sempre que seja autêntico seu coração, tais deficiências menores não serão de importância real.

3ª Inteira: O momento é muito favorável. Em tudo o que fizer, será bem-sucedido, não há problemas à vista. Em ocasiões assim, não devemos nos preocupar com futuras dificuldades, apenas nos concentrar em avançar. Tais momentos não duram para sempre.

4ª Partida: Esse é um tempo de grande sucesso. Podemos conseguir objetivos duradouros de grande valia, pois todos nos aceitam e aclamam e se nos dá, portanto, uma posição que nos permite fazer tudo muito bem.

5ª Partida: Conforme se progride e uma consecução segue a outra, é muito fácil tornar-se descuidado e tentar dar passos demasiado grandes. Permaneçam humildes e mantenham progresso constante, prestando atenção aos detalhes. Desse modo, o êxito final será alcançado.

6ª Partida: Não devemos nos precipitar cegamente diante de uma situação, visando somente à meta final, pois tal ação sobrecarreguará nossas forças. Concorde em atuar atentando a cada pequeno detalhe, progredindo passo a passo.

47

K'un

A ADVERSIDADE

Tui sobre K'an.
Lagos sobre Água.

A IMAGEM

Drenou-se completamente a água do lago, deixando-o vazio e incapaz de tudo. Quando as forças e as condições externas impedem uma pessoa de concluir ações de êxito, não há nada que possa se fazer. Em tais momentos difíceis, o sábio olha para seu interior e permanece fiel a seu verdadeiro ser.

O JUÍZO

Inclusive em tempos de adversidade, quando não há nada que impulsione o progresso, o sábio pode obter benefícios internos. Não desanime, mas, acumule sua força interior, de modo que posteriormente possa chegar ao êxito. Não desperdice sua sabedoria deixando-a cair em "saco roto".

AS LINHAS

A linha da base. Partida: Quando uma pessoa ingênua encontra-se em grandes dificuldades, permite que acabem com seu ânimo e perde seu próprio sentido de direção. O sábio aceita seu destino e avança, mantendo intacta sua força interior.

2ª Inteira: É possível que o ser interior se sinta drenado, inclusive quando não haja problemas externos e se veja rodeado pelas armadilhas do êxito. Chegará uma ajuda que o aliviará desse difícil estado, mas não se deve empreender o caminho antes de adotar a atitude interna correta e fortalecimento do caráter.

3ª Partida: Diante de dificuldades, é importante não se deixar abater. Estatelar-se repetidamente com o problema não irá superá-lo. Buscar refúgio em algo ou alguém que meramente nos desviem do curso apropriado da ação só nos conduzirá a mais preocupações.

4ª Inteira: Com frequência, os que se acham em posição de ajudar os demais não o fazem adequadamente. São distraídos pela influência de outros e veem-se anulados pelas dificuldades. Normalmente, sempre que a força interior esteja presente, superarão finalmente esses problemas. E conseguirão ajudar os menos afortunados do que eles.

5ª Inteira: Às vezes, não conseguimos êxito, porque os que se acham acima de nós não nos ajudam e os que estão abaixo não nos apoiam. Em tais momentos, devemos focar em nossa força interior e deixar que os acontecimentos sigam o próprio curso.

6ª Partida: As dificuldades e falhas do passado podem nos impedir de tirarmos partido das oportunidades presentes. Uma mudança interna de atitude permitirá o movimento para frente, e o jugo do passado poderá ser eliminado.

48

CHING

O POÇO

K'un sobre Sun.
Água sobre Vento. (Madeira)

A IMAGEM

As árvores extraem água da terra, e o homem pode utilizar a madeira para construir um poço com o mesmo propósito. As distintas partes de uma planta cooperam nesse processo. Uma pessoa sábia organiza gente num esforço cooperativo para o benefício mútuo.

O JUÍZO

Ainda que as situações e condições externas possam mudar, algumas coisas são imutáveis. Um poço baseia-se sempre nos mesmos princípios, estendendo-se ao inteiro da terra para obter água revitalizante. Se todas as suas partes acham-se em harmonia, funcionará adequadamente. Esse princípio pode, igualmente, ser aplicado tanto aos assuntos externos do homem quanto aos internos. Não é satisfatório prestar demasiada atenção a uma só face da sociedade ou da existência humana. O inesgotável poço da força espiritual interna deve ter sempre em conta os seus conteúdos a serem desenvolvidos em nível superior.

As LINHAS

A linha da base. Partida: Os que se conformam com o segundo e deixam de lutar por algo melhor, perdem tanto seu próprio respeito quanto o dos demais. Se não existe força interior, não há nada que se possa buscar.

2ª Inteira: Se uma pessoa possui boas qualidades, mas as descuida, é como permitir que a água revitalizadora seque. Os que se associam a essa pessoa só serão companheiros sem valia, e ninguém obterá êxito.

3ª Inteira: Existe uma pessoa sábia cujo conhecimento poderia ajudar outros, mas os que se acham em posições de poder não conhecem seus talentos, o que a deixa triste. Todos poderiam beneficiar-se dos esforços da pessoa sábia.

4ª Partida: Há momentos em que devemos pôr nossa própria casa em ordem a fim de sermos capazes de ajudar os outros – um trabalho interior valioso que trará benefícios no futuro.

5ª Inteira: A sabedoria dos grandes homens é como um poço inesgotável. Não obstante, não pode conseguir nada se os demais não a aceitam e não a utilizam adequadamente.

6ª Partida: Um bom poço nunca seca, não importa quanta água se tire dele. Do mesmo modo, uma pessoa sábia nunca se esgota pela necessidade que outros tenham de seus conselhos. Quanto mais tomem os outros livremente, maior será sua própria reserva de sabedoria.

49
Ko

A REVOLUÇÃO
PROMOVENDO A MUDANÇA

Tui sobre Li.
Lago sobre fogo.

A IMAGEM

Fogo e água acham-se em inevitável conflito e quando se juntam, o resultado é sua destruição mútua. As diversas estações, igualmente, não podem existir juntas, mas é possível reconhecer a ordem em suas contínuas mudanças. Também nos assuntos do homem, podemos estar preparados para as mudanças, prevenindo seu desenvolvimento natural.

O Juízo

Nos assuntos do homem e da natureza há primavera e outono. Se os motivos de uma pessoa são autênticos e o momento é adequado, poderão fazer-se grandes mudanças e todos se beneficiarão. Nem todos, por sua vez, têm a força de caráter para inspirar outros.

As Linhas

A linha da base. Inteira: As mudanças drásticas devem ser adotadas somente quando falham tudo o mais. Necessita-se de grande autocontrole, a fim de não empreender uma ação inútil e prematura. Considerem cuidadosamente o problema.

2ª Partida: Quando todas as formas sutis de persuasão fracassam, uma ação rigorosa torna-se necessária. Então, haverá de encontrar um verdadeiro líder capaz de inspirar confiança aos demais. É preciso considerar a mudança e prever suas consequências. Dessa forma, haverá recompensa.

3ª Inteira: É um erro empreender mudanças drásticas antes que as necessidades e os métodos se tenham estabelecido de forma apropriada. Também é errôneo atrasar as mudanças bem justificadas quando indispensáveis. Considerem bem a urgência da mudança. Só poderá haver êxito quando for necessário e geralmente aceito.

4ª Inteira: Para promover uma mudança benéfica requer-se não apenas posição de poder, mas a força interior para permanecer fiel aos próprios ideais. Os demais não seguirão uma causa baseada em instintos egoístas.

5ª Inteira: A sabedoria de liderança de uma pessoa superior é claramente visível aos demais. Não é preciso obter sua aprovação, nem buscar guia para si mesmo.

6ª Partida: Após uma mudança importante ficarão pequenos problemas ainda pendentes. O sábio não tenta superá-los de uma só vez. Fazê-lo assim traria insatisfação e o consequente fracasso. As condições permanecerão favoráveis unicamente enquanto continuarmos com o que é verdadeiramente possível, utilizando a ajuda disponível no momento.

50

Ting

O CALDEIRÃO

Li sobre Sun.
Fogo sobre Vento.

A IMAGEM

O fogo continua ardendo sob o caldeirão, enquanto se lhe forneça madeira nova e o vento o atice. Uma pessoa sábia encontra seu verdadeiro lugar na vida e vive de acordo com o que o destino decreta. Sua força interior nutre suas ações e todos se beneficiam dessa harmonia, do mesmo modo que o alimento cozido no caldeirão nutre o corpo.

O JUÍZO

A chama espiritual do indivíduo genuinamente grande estende-se mais além dos seus atos mundanos. Aquilo que é invisível e carece de substância física pode resistir a todas as mudanças materiais, mas carece de significado sem sua influência para melhor sobre as ações do homem. Obtêm o êxito os que humildemente oferecem seus sacrifícios pelo bem espiritual dos demais.

As Linhas

A linha da base. Partida: Inclusive a pessoa em posição inferior pode conseguir o êxito se o seu coração afiançou-se no verdadeiramente correto. Outros estarão, então, preparados para aceitar o fruto de seus labores.

2ª Inteira: Quando se encontra a sociedade num estado avançado, é fundamental que logremos algo de importância real. Outros podem sentir ciúmes desse êxito, mas isso não nos causará dano algum se nos apoiarmos nos resultados alcançados.

3ª Inteira: Numa sociedade complexa, uma pessoa pode se encontrar em uma posição em que seus talentos não sejam reconhecidos; desse modo não poderá mostrar sua verdadeira capacidade. O sábio não se preocupa com isso, pois sabe que se possui algo de valor real chegará o momento em que terá a oportunidade de desenvolvê-lo.

4ª Inteira: É essencial que aqueles que passem por difíceis problemas tenham tanto a capacidade quanto a inclinação de se aplicar à tarefa de desenvolvê-los. As grandes obras falharão se não a empreendem as pessoas adequadas.

5ª Partida: Uma pessoa boa e modesta em uma posição de poder atrairá associados capazes, de modo que juntos possam executar difíceis tarefas. Sempre que o líder mantiver essa atitude humilde, será possível alcançar o êxito.

6ª Inteira: Uma pessoa sábia dispensará seu conhecimento e sabedoria sem adulteração, que todos verão, tanto no céu quanto na Terra, como os raros dons que são. Sob tais circunstâncias a boa fortuna estará assegurada.

51

CHEN

O TEMOR

Chen sobre Chen.
Trovão sobre Trovão.

A IMAGEM

Trovão sobre trovão faz surgir temor e trepidações. O sábio respeita esse poder e assegura-se de que seu coração esteja isento de erro, provendo uma base firme para o desenvolvimento futuro.

O JUÍZO

Quando o poder da natureza se revela, todos os homens assustam-se, mas aqueles que já enfrentaram o medo no interior do seu coração não caem no terror. Esses verdadeiros líderes não se desviam de seus deveres por seus temores pessoais sobre sua própria segurança.

As linhas

A linha de base. Inteira: Quando uma pessoa sofre trauma e temor, sente-se discriminada, todavia, ao superar o perigo, a força interior que adquiriu permite-se ter êxito em suas atividades futuras.

2ª Partida: Em tempo de grandes dificuldades e perigos, uma pessoa pode perder todas as suas posses. Não lhe serviria de nada tratar de recuperá-las nesse momento, pois o único meio sensato é se afastar do perigo. Posteriormente, as recobrará.

3ª Partida: Quando o destino exterior golpeia-nos, é fácil perder a iniciativa e andar às cegas. Para triunfar devemos permitir que essas dificuldades estimulem a ação. Desse modo, superam-se os problemas facilmente.

4ª Inteira: Há momentos em que nem sequer a mente pode encontrar uma solução. Se não há obstáculo que possa superar-se, nem via para o êxito, nenhuma ação útil é possível.

5ª Partida: Em alguns momentos, a vida nos dá repetidos golpes, em rápida sucessão. Para evitar perdas devemos percorrer o curso de ação apropriado e não nos desviar sem objetivo do verdadeiro caminho.

6ª Partida: Quando um trauma consegue penetrar no núcleo interno de uma pessoa, priva-a da capacidade de atuar sensatamente. A força interior de aguardar o momento apropriado para a ação só pode estar presente nos que ainda não se viram afetados. Vendo os erros dos outros, deveriam apartar-se para evitar desgraças, ainda que os demais se enfureçam por sua inatividade.

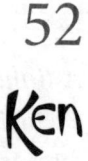

52

Ken

A PAZ DA MENTE

Ken sobre Ken.
Montanha sobre montanha.

A IMAGEM

As montanhas que estão próximas permanecem constantes e inalteráveis. O coração do homem deveria emular a quietude dessas formas naturais. A preocupação teria de se concentrar na situação imediata. Uma pessoa sábia não se preocupa pelo que poderia chegar a ser.

O JUÍZO

A verdadeira paz mental, não preocupada pelas mesquinhas lutas da humanidade, surge do interior. Não se cometem erros quando o vil interesse próprio afasta-se da mente, pois então nossos atos têm lugar de acordo com as Leis da Natureza.

AS LINHAS

A linha da base. **Partida:** Ao início de qualquer atividade estamos livres, todavia, da influência dos interesses em conflito e podemos ver a rota com claridade. Esse é o momento de fazer uma pausa e considerar cuidadosamente a empresa, a fim de abordá-la de modo correto. Uma vez que encontramos o caminho, não obstante, haveremos de empreender uma ação resoluta para não nos afastar do curso proposto.

2ª **Partida:** Quando se serve a um forte líder, não se pode influenciar sobre suas ações. Nem sequer um bom amigo pode afastar uma má companhia dos caminhos ignóbeis.

3ª Inteira: Não é possível acalmar pela força. A repressão só traz consigo outras formas de descontentamento. Do mesmo modo, uma mente tranquila só pode se desenvolver por si mesma. Forçar a tranquilidade do coração não conduz à verdadeira paz.

4ª **Partida:** Para alcançar os mais levados estados da mente, deve-se aprender a superar os desejos de glória e ganância pessoais. No princípio, só se pode fazer isso com consideráveis esforços e a influência do interesse próprio, no entanto, existirá esse estado, não obstante, não há de ser causa de remorso, pois se trata de um passo na direção correta.

5ª **Partida:** Em tempos de tensão e perigo, fala-se de forma incoerente e irrefletida. O sábio permanece tranquilo em tais situações e não diz nada de que posteriormente possa se lamentar.

6ª Inteira: Ao se adquirir serenidade frente aos aspectos mais importantes da vida, assim também diante dos problemas triviais, significa estar apto a dirigir todas as energias para atividades de êxito.

53

CHIEN

A EVOLUÇÃO DO
PROGRESSO GRADUAL

Sun sobre Ken.
Vento sobre montanha.
(Madeira)

A IMAGEM

Uma árvore cresce lentamente sobre uma montanha, mas sua presença afeta todo o panorama. A influência de um homem sábio, igualmente, cresce de modo lento, adquirindo gradualmente poder externo conforme desenvolve sua força interior. As repentinas subidas ao poder não têm efeitos duradouros. Neste hexagrama, assim como noutros anteriores, Sun toma seu significado alternativo de «madeira».

O JUÍZO

Para conseguir sucesso duradouro em qualquer empenho, necessita-se persistência e esforço. Os estalidos repentinos de atividade não podem produzir efeitos, seja no interior, seja no exterior, de forma permanente. Os oficiais serão adequadamente designados, e os esquemas de colaboração, apropriadamente, organizados. Quando as coisas desenvolvem-se com lentidão é, contudo, essencial que o objetivo final se mantenha claramente no pensamento, ou se correrá o risco de deixar de lutar pelo êxito final.

AS LINHAS

A linha da base. Partida: Diante de nova rota na vida, o caminho sempre é difícil, pois sempre há quem esteja disposto a criticar, mas não a ajudar. Os problemas iniciais, por sua vez, forjam, frequentemente, a perseverança de caráter que conduz finalmente ao êxito.

2ª Partida: Quando cedo, o êxito proporcionou uma base firme, o sábio utiliza-a para se desenvolver mais. Não entesoura sua boa sorte, mas a compartilha com outros.

3ª Inteira: O sábio não busca o conflito, nem tenta ações agressivas. Contenta-se com proteger o seu e permitir que o resto tome seu curso natural. O conflito desnecessário traz consigo desgraças.

4ª Partida: Com frequência, encontramos na vida determinadas circunstâncias que se acham além do nosso controle que nos levaram a uma posição inadequada a nós. O sábio busca tranquilamente um lugar seguro de descanso, longe dos perigos imediatos.

5ª Inteira: Uma pessoa que trabalhou arduamente, para alcançar uma boa posição, pode descobrir que os que estão próximos não entendem suas ações e não pode seguir progredindo. Isso é, geralmente, culpa de gente de menor valia que está nesse momento exercendo influências negativas. Com o tempo, tais problemas serão superados e tudo ficará bem.

6ª Inteira: Chega finalmente o tempo em que se conseguiu algo importante. Este êxito é um brilhante exemplo para os demais, que seguindo a mesma rota podem, igualmente, desenvolver seu próprio potencial em sua máxima extensão.

54
KUEI MEI

A DONZELA CASAMENTEIRA

Chen sobre Tui.
Trovão sobre lago.

A IMAGEM

O trovão ressoa acima do lago e as águas superficiais agitam-se em ondas que se sucedem. O sábio não permite que suas relações com outros oscilem. Mantém sempre na mente o objetivo último de uma verdadeira e longa relação e evita, assim, aborrecimentos ocasionados por diferenças de opinião.

O JUÍZO

As relações legais e contratuais estão baseadas em posições claramente definidas, mas as pessoas dependem sempre do comportamento dos indivíduos. O respeito pelos sentimentos dos demais é a base de qualquer boa amizade, sem o qual inevitáveis problemas ocorrerão.

AS LINHAS

A linha de base. Inteira: Ainda que uma pessoa se veja embargada e não logre elevada posição de autoridade, é, todavia, possível exercer boa influência, se tem a confiança de alguém com o poder necessário. O sábio, por sua vez, não abusa dessa posição de confiança, buscando destacar-se acima do seu superior.

2ª Inteira: Na relação entre dois companheiros deveriam atuar em união, como dois olhos juntos. Inclusive quando surgem problemas num deles, deveria o outro permanecer leal ao seu companheiro.

3ª Partida: Às vezes, é impossível conseguir por nós próprios o que desejamos. Em tais casos, podemos encontrar a felicidade, unindo-nos a serviço de outros.

4ª Inteira: A virtude trará sua recompensa em seu devido momento. Em algumas ocasiões é preferível ater-se ao que realmente se deseja a aceitar uma solução de compromisso.

5ª Partida: Quando uma pessoa ainda não se tornou dependente de viver na riqueza, é possível a ela, no entanto, alcançar a felicidade aceitando uma posição humilde ou um lugar subordinado numa relação. Se é possível fazer isso, há perspectivas de êxito.

6ª Partida: Um matrimônio, como qualquer outra associação entre pessoas, não terá êxito se não se entrar no coração. Sem respeito entre os companheiros, não pode haver uma relação duradoura.

55

Feng

Tempos prósperos

Chen sobre Li.
Trovão sobre fogo.

A imagem

O som do trovão envolve o relâmpago. A clareza interior, que pode ver as coisas tais quais realmente são, acha-se rodeada por uma poderosa ação que traz uma solução justa aos problemas.

O juízo

É tempo de grandes lucros, mas somente uma pessoa clara de mente e alma poderá liderar com êxito. O sábio não é triste pela certeza do declinar futuro. Regozija-se na boa fortuna presente.

As linhas

A linha da base. Inteira: Num período favorável, é sensato que os que tenham boas ideias colaborem com outros, buscando a energia ou o poder necessário para levá-las a efeito. Tais relações, uma vez estabelecidas, podem durar enquanto as condições sejam adequadas.

2ª Partida: Ainda que o momento seja favorável, alguém inferior criou uma barreira no caminho para a sequência. Isso detém o contato útil entre uma pessoa de autoridade e alguém que poderia ajudá-la a conseguir o êxito. O seguidor sábio não se preocupa com isso, uma vez que sabe que o valor inerente à sua ajuda se fará por fim evidente e trará sucesso a ambos.

3ª Inteira: O verdadeiro líder eclipsou-se e não pode conseguir nada. Os de pequena valia refulgem com injustificado brilho. O seguidor sábio é incapaz de ajudar, mas sabe que não se deve às suas próprias falhas.

4ª Inteira: Até o final de um período de estancamento se congregará e se unirá capacidades para conseguir o êxito. As ações dos que têm poder e energia complementarão as boas ideias de outros e chegará um tempo de boa colheita.

5ª Partida: Quando um líder tem uma mente aberta, aceita o bom conselho dado por outros. Isso traz consigo bem-aventurança para todos.

6ª Partida: Esforçar-nos, acima de tudo, em conseguir riqueza e poder sobre os demais, leva-nos por um caminho onde só há lugar para uma pessoa. O isolamento dos amigos e da família resulta inevitável.

56

山

O caminhante

Li sobre Ken.
Fogo sobre montanha.

A imagem

O fogo brilha brevemente sobre a montanha, mas muda de um lugar a outro, conforme o combustível se esgote. O homem sábio utiliza o castigo do mesmo modo: fraco, claro e apropriado à agressão.

O juízo

Uma pessoa que não constituiu um lar fixo entre amigos e familiares deve prestar especial atenção ao modo em que viaja, à companhia que mantém e a não ser áspero e arrogante com os que se encontra. Se assim o fizer, poderá passar livremente de um lugar a outro, trazendo consigo as realizações.

As linhas

A linha da base. Partida: Quando nos encontramos entre estranhos é importante que sejamos humildes e controlados em nosso comportamento. Ninguém recebe bem o humor ou as repreensões de um desconhecido. Os atos infelizes representam sinal de uma pessoa estúpida.

2ª Partida: A pessoa sente-se feliz na hora de ajudar a um estranho que atua claramente de acordo com elevados princípios morais. Assim, conseguirá amigos fiéis e colaboradores para promover seu bem-estar.

3ª Partida: Pela arrogância e intromissão nos assuntos alheios, um estranho pode facilmente perder todos seus amigos e colaboradores. E estar completamente só em um lugar estranho não é favorável.

4ª Inteira: Um estranho, quando é capaz de controlar seus fortes desejos, pode não se sentir à vontade. Estará constantemente em guarda, para não perder o que já adquiriu, e tal postura o manterá como um permanente estranho entre os demais.

5ª Partida: Ao se conhecer os costumes e o modo correto de proceder, é possível encontrar uma posição satisfatória, inclusive quando se está longe do lar. O enfoque apropriado conduzirá ao êxito.

6ª Inteira: Uma pessoa imprudente em palavras ou atos, enquanto se acha entre estranhos, terá posteriormente motivos para lamentar tal estupidez. Tenham sempre em conta sua posição, quando tratarem com os demais.

57

Sun

O SUAVE

Sun sobre Sun.
Vento sobre vento.

A IMAGEM

As correntes de vento que se seguem uma a outra penetram suavemente em todos os rincões do céu. Graças à atividade incessante, finalmente tudo se clareia. Do mesmo modo, o líder sábio sabe que, para que suas ações tenham êxito, seu pensamento deve penetrar em cada um dos seus seguidores. Nós nos transtornamos e nos preocupamos pelo que não entendemos.

O JUÍZO

Ainda que pareça menos espetacular em sua ação, os efeitos de uma aplicação lenta e dedicada podem ser de mais duração do que os estalidos repentinos. Para a obtenção de êxito, não obstante, se requer um líder sábio que possa dirigir sempre para o mesmo fim os esforços dos seus colaboradores dedicados.

As linhas

A linha da base. Partida: Há momentos em que sua consideração pelos demais pode fazer com que uma pessoa falhe em seu dever. Ao escolher o caminho correto, deve segui-lo com decisão.

2ª Inteira: Às vezes, resulta difícil seguir a pista do mal até sua verdadeira fonte. Tais esforços, por sua vez, valem sempre a pena, pois quando se encontra a fonte e se torna pública, deixa de ser um problema.

3ª Inteira: É uma política inadequada continuar examinando qualquer problema, quando as considerações já estão definidas. A pessoa eficiente deve tomar uma decisão e agir de acordo com ela enquanto haja tempo.

4ª Partida: A combinação de capacidade e oportunidade é uma circunstância sumamente favorável. A aplicação enérgica de talentos acumulados e um grande esforço conduzirão ao êxito.

5ª Inteira: Há um tempo em que os maus começos podem converter-se em bons. É necessária uma reflexão cuidadosa antes de empreender uma ação, mas deveriam analisar-se a sequência das reformas com resolução. Mais adiante, observar cuidadosamente as vantagens, assegurando-se que o novo caminho é o mais adequado. Pode-se, todavia, conseguir o êxito.

6ª Inteira: O desejo de eliminar o mal não é suficiente. Também a força é imprescindível para derrotá-lo completamente, se o nosso desejo é não atrair perigos e danos.

58

TUI

AMIZADE

Tui sobre Tui.
Lago sobre lago.

A IMAGEM

Um lago alimenta outro, enchendo-o de novo conforme se evapora a água, de modo que nunca seca. A busca do conhecimento é também mais plena se há mais de uma pessoa envolvida na ação. A conversa com os amigos faz da aprendizagem uma experiência feliz.

O JUÍZO

Para conseguir a amizade e a ajuda dos demais, necessita-se de força interior, para continuar no caminho da verdade e da felicidade exterior, e motivar a todos a percorrer o mesmo caminho. Desse modo, conseguirá mais colaboradores permanentes e dedicados do que empreender qualquer forma de coação, pois os verdadeiros amigos assumirão por seus companheiros na dificuldade que se apresentar.

As linhas

A linha da base. Inteira: Os que são verdadeiramente felizes não necessitam buscar apoio exterior. Sua felicidade surge da força interior de sua própria pureza de pensamento.

2ª Inteira: O sábio somente participa dos prazeres que são apropriados à sua posição. Não encontra deleite em atividades baixas e degradantes, inclusive quando seus companheiros se acham imersos nelas. Desse modo, nunca tem motivo para lamentar seu comportamento.

3ª Partida: Quando uma pessoa não tem valia interna, busca diversões ociosas que carecem de substância. Nunca nenhum prazer duradouro pode vir de tais atividades, que fazem com que o indivíduo vague, cada vez mais desorientado, à busca do desenfreio.

4ª Inteira: Sempre há grande variedade de diversões entre as quais fazer a escolha. Somente quando uma pessoa desenvolver o conhecimento interno de eleger sem vacilação o correto, achará a verdadeira felicidade. Os prazeres indignos sempre trazem pesar.

5ª Inteira: Estamos todos rodeados de influências perigosas que podem nos corromper sigilosamente, caso não as reconheçamos pelo que são. O sábio vê o possível dano e atua em consequência para evitar os problemas futuros.

6ª Partida: Uma pessoa que carece de força interior não pode guiar sua própria vida. É levada pelos caprichos das forças externas, vítima de uma busca sem sentido do prazer pessoal.

59

Hun

Superar o egoísmo

Sun sobre K'an.
Vento sobre água.

A imagem

Quando sopra uma brisa suave sobre as águas geladas, funde e dispersa o gelo solidificado durante o inverno. Quando a mente de uma pessoa enrijeceu-se por desejos egoístas, é incapaz de avançar por si mesma e ao mesmo tempo se encontra isolada da influência benéfica dos demais. Somente a aceitação de fé nova e forte poderá liberar o espírito de sua prisão.

O juízo

O desejo de se colocar acima dos demais é uma influência perturbadora para a sociedade. Para superá-la, há de se animar a cooperar junto em planos que beneficiarão a todos. Apenas uma pessoa não egoísta, com um coração autêntico, tem o poder de organizar esse projeto benéfico.

As linhas

A linha da base. Partida: Tão logo como surgem problemas e mal-entendidos numa empresa, é essencial adotar rápida ação para esclarecê-los. Desse modo, será possível estabelecer a harmonia.

2ª Inteira: Quando a ira e o desagrado contra os demais crescem em nossos corações, devemos dar, imediatamente, os passos necessários para obstrui-lo. Em tais momentos, é preciso fortalecer a fé por qualquer meio possível. Vê-se o mundo como um lugar melhor quando se restaura o bom humor.

3ª Partida: Algumas tarefas são tão difíceis que devemos abandonar todo o interesse próprio para poder concluí-las com êxito. Podemos encontrar a força para fazê-lo sem ter de nos lamentar se a finalidade externa é de suficiente valia.

4ª Partida: Ao trabalharmos para o bem geral da sociedade, podemos deixar de oferecer ajuda aos nossos amigos. Entretanto, somente os que têm a sabedoria de ver mais além entendem tal ação.

5ª Inteira: Em tempo de adversidades, quando tudo parece conspirar contra, há necessidade de focar em determinado ponto de atividade. Por meio de esforços concentrados a situação pode melhorar.

6ª Inteira: Quando o perigo ameaça familiares e amigos, é correto afastá-los do confronto, de modo que nenhum dano recaia sobre alguns eles.

60

CHIEH

Os limites

K'an sobre Tui.
Água sobre lago.

- 60 -
CHIEH
OS LIMITES

A imagem

Há um limite para a quantidade de água que um lago pode comportar. Ainda que um homem tenha possibilidades ilimitadas, é impossível explorá-las todas. O sábio mantém livre seu espírito, estabelecendo seus próprios limites ao correto e ao apropriado.

O juízo

Para ter êxito é preciso estabelecer limites em tudo, pois eles definem a transição de uma etapa a outra. É prudente estabelecer limites ao nosso consumo e ao nosso gasto, pois assim estaremos preparados para mudanças futuras em condições menos favoráveis. Não há mérito algum, por sua vez, na excessiva limitação por si mesmo, pois isso conduz à repressão e ao ressentimento.

AS LINHAS

A linha de base. Inteira: Uma pessoa sábia sabe como viver dentro dos limites que se lhe impõem e conservará sua força a fim de atuar com mais efetividade quando chegue o momento. A discrição na palavra e obra permitirá mais tarde a ação de êxito.

2ª Inteira: No momento da ação, não se deve postergar. Após cuidadosa preparação, deve-se aproveitar a oportunidade sem vacilar.

3ª Partida: Se uma pessoa se entrega por inteiro à busca do prazer e não põe limites a seu gasto, poderá alcançar o infortúnio. Se aceita as consequências como sua própria falta, haverá aprendido algo que a beneficiará no futuro.

4ª Partida: Tentar limitar algo que, por sua própria natureza, não pode ser limitado, é um esforço inútil. Se nos contentamos com trabalhar dentro das limitações naturais, poderemos alcançar êxito.

5ª Inteira: Quando precisar fazer restrições, aplique-as primeiramente a si mesmo. Outros se sentirão felizes em seguir esse bom exemplo, sem necessidade de coação.

6ª Partida: Impor forte pressão sobre alguém, inevitavelmente, a forçará a retroceder, do mesmo modo o excesso na restrição da dieta e das comodidades transforma o funcionamento normal do corpo humano. Isso não quer dizer que não devam adotar medidas severas quando sejam necessárias, para impedir que sucumbam às más influências.

61

CHUNG FU

A VERDADE INTERIOR.

Sun sobre Tui.
Vento sobre lago.

A IMAGEM

O invisível poder do vento pode mover a superfície de um lago e com isso mostrar sua força. A mente de uma pessoa sábia busca penetrar por debaixo da superfície, a fim de compreender as ações dos demais. Com tal compreensão, saberemos quando perdoar e quando trazer a responsabilidade com absoluta justiça. Os demais apreciarão essa sabedoria.

O JUÍZO

E´ fácil persuadir os que são receptivos às nossas ideias, mas muito difícil convencer aqueles com os quais não temos nada em comum. Para influenciar esses últimos devemos descartar os prejuízos e encontrar um terreno comum para abordá-los. Desse modo, será possível influenciar outros e conseguir grandes êxitos. É importante entender que isso não implica comprometer nossos princípios pelo bem do projeto. O verdadeiro êxito somente chega quando alguém adere vigorosamente ao correto.

As linhas

A linha da base. Inteira: Para manter nossa força e integridade, é necessário nos ater ao correto quando tratamos com o mundo exterior. Buscar o êxito por meio de acordo secreto com outros pode conduzir a dúvidas sobre sua sinceridade e perda de confiança.

2ª Inteira: Se falarmos a partir da verdade de nosso coração, nossas palavras obterão rápido reconhecimento daqueles que pensam de modo semelhante. Nossa influência não deve ser proclamada abertamente, pois se estenderá por si mesma. As tentativas deliberadas inibirão, de fato, a difusão de nossas ideias. O mesmo ocorre com os atos. Os que surgem dos sentimentos internos podem ter grandes efeitos.

3ª Partida: Se tomamos força dos demais em vez de nosso próprio ser interior, nunca poderemos estar plenamente a cargo de nossas vidas. Seu humor controlará o nosso, um estado que deveríamos considerar cuidadosamente.

4ª Partida: É sensato prestar atenção aos que são mais sábios para que nos guiem através da vida. Isso não significa que busquemos amigos que nos guiem, pois é essencial manter nossa própria direção. Deveríamos ser humildes frente a um conhecimento maior que o nosso, mas não permitir que isso nos convença de que o caminho de uma pessoa é necessariamente melhor do que o de outra.

*5ª **Inteira***: Um verdadeiro líder possui a força de personalidade adequada para unir todos os seus seguidores em seus corações, assim também em suas ações. Somente isso proporciona a estabilidade necessária para superar as dificuldades.

*6ª **Inteira***: As palavras sozinhas não são o suficiente. Devem estar respaldas por atos se é que há de se conseguir o êxito.

62

HSIAO KUO

A ATENÇÃO NOS DETALHES

Chen sobre Ken.
Trovão sobre montanha.

A IMAGEM

O som do trovão retumba mais nas montanhas do que no campo aberto. Do mesmo modo, a pessoa de valor acha-se afastada de gente comum que poderia considerar desnecessária a atenção ao detalhe. O sábio é tranquilo e humilde na sua minuciosidade e foge dos presunçosos atos das massas.

O JUÍZO

O sábio é minucioso e modesto em tudo o que faz. Aprecia os perigos de ir além de seus limites e trabalha o máximo de sua capacidade. Desse modo, consegue o êxito.

As linhas

A linha da base. Partida: O sábio não força as mudanças antes de que tudo esteja preparado. Sente-se contente trabalhando dentro do sistema, a não ser que a ação prematura conduza ao fracasso.

2ª Partida: Há tempos que nosso dever pede passos não habituais. Se o enfoque tradicional não é possível, não haverá dano algum no uso limitado de novo método, dentro da estrutura da velha organização.

3ª Inteira: Há momentos em que se torna estúpido negar a vulnerabilidade de nossa própria posição. Confiar e descuidar-nos demasiado das pequenas precauções pode nos deixar abertos a um inevitável infortúnio.

4ª Inteira: A resolução interior deve ser moderada com a capacidade de responder às condições externas. É perigoso forçar novo avanço sem a ajuda de outros. A inatividade externa não implica perda da força interior.

5ª Partida: Um líder de caráter excepcional jamais alcança o êxito sem a assistência de colaboradores. Ele não se engana crendo que os que são famosos sejam necessariamente os melhores. Busque as pessoas que continuam sendo modestas, apesar das suas grandes soluções.

6ª Partida: O sábio atua conforme os tempos. Quando os pequenos sucessos são suficientes, não busca fazer grandes mudanças, pois tal ação estaria em desacordo com a situação e, certamente, levaria ao fracasso.

63

CHI CHI

DEPOIS DA CONSUMAÇÃO

K'an sobre Li.
Água sobre fogo.

A IMAGEM

A água quente em um caldeirão sobre o fogo acha-se em estado perfeito. Ao ser aquecida em demasia, derrama e apaga o fogo, porém se o fizer pouco, deixará de ferver. Contudo, o sábio reconhece os mesmos problemas nos assuntos da humanidade. Há de estar preparado para o perigo, pois qualquer mudança em tais momentos causaria contratempos.

O JUÍZO

Quando a nova ordem sucede a antiga, tudo parece correr com suavidade. Por sua vez, o sábio leva em conta em tais momentos os possíveis problemas e trabalha diligentemente com os pequenos detalhes, de modo que as más práticas não possam deixar raízes.

AS LINHAS

A linha da base. Inteira: Após grandes mudanças, as pessoas precipitam-se a criar novas situações. Muitos irão além dos limites do sensato. Mas, o sábio freará suas ações, impedindo assim, sérias perdas.

2ª Partida: Após um período de mudança, aqueles que chegaram a posições de autoridade deixam de aconselhar tanto, pois os de verdadeiro valor não buscam se precipitar. Sentem-se contentes por desenvolverem tranquilamente suas próprias características, seguros no conhecimento de que o tempo trará sua justa recompensa.

3ª Inteira: É uma tendência natural, seja em nível pessoal, de negócios ou governamental, buscar expandir as influências uma vez que se estabeleceu uma base firme. Tal expansão requer grandes sacrifícios e a grande organização que resulta requer constante atenção. É um sério erro designar pessoas inferiores, incompatíveis com o êxito, para cuidar de projetos importantes.

4ª Partida: Quando as ocorrências em geral estão se desenvolvendo bem, é fácil encobrir os defeitos e imaginar que sejam triviais. Mas, o sábio sempre se preocupa com tais detalhes, aparentemente menores, pois sabe que sem a atenção adequada, produziriam-se consequências mais sérias.

5ª Inteira: Em todas as questões, o coração é importante, não o desapego externo. A simplicidade acoplada com a sinceridade é sempre de muito mais valor do que as grandes exibições.

6ª Partida: Ao se superar um problema, existe a tendência a nos vangloriar do nosso êxito. Essa atenção ao passado pode nos deixar sem preparo para o futuro. Ocupe sua mente com pensamentos e ações edificantes, evitando assim seus precipícios.

64

WEI CHI

- 64 -
WEI CHI
ANTES DA CONSUMAÇÃO

ANTES DA CONSUMAÇÃO

Li sobre K'an.
Fogo sobre água.

A IMAGEM

Quando o fogo se encontra sobre a água, não se acham em sua relação natural, pois o calor do fogo ascende e carece, portanto, de efeito sobre a água, que corre para baixo. O sábio busca primeiro situar-se em uma posição em que possa ver as coisas tais quais realmente são. Quando o faz, é capaz de relacioná-las apropriadamente.

O JUÍZO

As condições sempre são difíceis quando se cria ordem a partir do caos. O êxito pode chegar se considerarmos cuidadosamente o curso da ação e se formos capazes de convencer outros a trabalharem pela mesma causa. Seria ingênua a pessoa que nessa etapa se precipitasse cegamente.

As linhas

A linha da base. Partida: Diante de uma situação caótica, sentimos a necessidade de avançar e começar a restaurar a ordem. Tentar fazer isso, prematuramente, é fazer um convite ao fracasso.

2ª Inteira: Apesar de não ter chegado o momento adequado à ação, é importante se preparar interiormente para o avanço. Devemos manter o objetivo claramente presente, ainda que não possamos empreender nenhuma ação útil.

3ª Partida: Quando chega o momento da ação, devemos nos assegurar de que somos bastante fortes para aproveitar a oportunidade. Com a ajuda dos demais poderemos obter sucesso.

4ª Inteira: Chegado o momento do verdadeiro conflito é essencial dedicar todas as nossas energias a concluir a tarefa. Não pode haver segundos pensamentos. O que for conseguido proporcionará a base para os benefícios futuros.

5ª Partida: O êxito foi alcançado, e um líder com força de caráter tomou o comando. Colaboradores capazes assistirão a ele no seu trabalho. Agora pode ver-se o verdadeiro êxito, em contraste com o erro dos velhos caminhos.

6ª Inteira: O êxito é um tempo de regozijo, mas a exuberância não deve exceder os limites razoáveis, ou o que se conseguiu será arrebatado pelo erro.